bikeline®-Radtourenbuch Romantische Straße
© 1993-2015, **Verlag Esterbauer GmbH**
A-3751 Rodingersdorf, Hauptstr. 31
Tel.: +43/2983/28982-0, Fax: -500
E-Mail: bikeline@esterbauer.com
www.esterbauer.com
7., überarbeitete Auflage 2015
ISBN: 978-3-85000-036-9

Bitte geben Sie bei jeder Korrespondenz die Auflage
und die ISBN an!

Dank an alle, die uns bei der Erstellung dieses Buches
tatkräftig unterstützt haben, s. S. 120
Das *bikeline*-Team: Birgit Albrecht-Walzer, Beatrix
Bauer, Markus Belz, Michael Bernhard, Michael Binder,
Veronika Bock, Petra Bruckmüller, Roland Esterbauer,
Dagmar Güldenpfennig, Birgit Hochwimmer, Tobias
Klein, Martina Kreindl, Eveline Müllauer, Gregor Münch,
Karin Neichsner, Carmen Paradeiser, Claudia Retzer,
Christian Schlechte, Martin Wischin, Wolfgang Zangerl

Umschlagbilder: Würzburg : © Inga Nielsen - Fotolia.com; Schloss Neuschwanstein: Michael Smogavetz; Radfahrer bei Münstersee: Stadt Creglingen
Bildnachweis: Archiv: 15, 16; Birgit Albrecht-Walzer: 20, 25, 44, 46,
47, 56, 64, 66, 74, 76, 92, 96, 99; Fremdenverkehrsverein /Tourist-
Information Donauwörth: 67; Kreisstadt Tauberbischofsheim: 22,
24; Kultur- u. Fremdenverkehrsamt Landsberg am Lech: 88; Kultur-
u. Fremdenverkehrsamt Rothenburg o. d. Tauber: 42; Kultur- u.
Verkehrsamt Bad Mergentheim: 28; Klaudia Wais: 22, 34, 39; Nicki
Nowak: 104; Regio Augsburg: 77, 78, 80, 81; Romantische Straße
Touristik AG: 7; Rothenburg o. d. Tauber Tourismus Service: 40;
Stadt Feuchtwangen: 50; Stadt Feuchtwangen/Böhner: 52; Stadt
Nördlingen: 62; Stadt Rain Tourismus: 70; Stadt Röttingen: 33; Stadt
Weikersheim: 32; Touristikgemeinschaft Liebliches Taubertal: 30;
Touristik Service Dinkelsbühl: 53, 54; Tourist-Info Nördlingen: 58,
60; Tourist-Information Bad Mergentheim: 28; Touristinformation
Creglingen: 35, 36, 38; Tourist Info Schwangau: 102; Veronika Bock:
87; Verkehrsamt Schongau: 94; Verkehrsamt Steingaden: 100

bikeline

Was ist bikeline?

Wir sind ein Team von Redakteuren, Kartografen, Geografen und anderen Mitarbeitern, die allesamt begeisterte Radfahrerinnen und Radfahrer sind. Ins „Rollen" gebracht hat das Projekt 1987 eine Wiener Radinitiative, die begonnen hat, Radkarten zu produzieren. Heute tun wir dies als Verlag mit großem Erfolg. Mittlerweile gibt's bikeline® und cycline® Bücher in fünf Sprachen und in vielen Ländern Europas.

Um unsere Bücher immer auf dem letzten Stand zu halten, brauchen wir auch Ihre Hilfe. Schreiben Sie uns, wenn Sie Unstimmigkeiten oder Änderungen in einem unserer Bücher entdeckt haben.

Wir freuen uns auf Ihre Rückmeldung (redaktion@esterbauer.com),

Ihre bikeline-Redaktion

Vorwort

Die Romantische Straße, einst für den motorisierten Ausflugsverkehr konzipiert, verbindet eine Reihe attraktiver Städte mit bewegter Geschichte sowie historischen Stadtkernen. Die rund 460 Kilometer lange Radroute verläuft aber auch durch überaus reizvolle Landstriche. Zum Beispiel durch das Liebliche Taubertal, vielgerühmt wegen der wildromantischen Ufer und Weinberge sowie der prachtvollen Städte und Dörfer, allen voran Rothenburg ob der Tauber. Über die Frankenhöhe erreichen Sie das Nördlinger Ries, welches zum Radfahren geradezu prädestiniert ist. Auf der „Via Claudia Augusta" geht es nach Augsburg, wo vor allem die Fugger ein beeindruckendes Erbe hinterlassen haben. Der Lech begleitet Sie dann durch eine urbayrische Landschaft vorbei an der berühmtesten Barockkirche Bayerns, der Wieskirche. Die Märchenschlösser des Bayernkönigs Ludwig bilden bei Füssen schließlich den königlichen Abschluss Ihrer Radreise.

Präzise Karten, genaue Streckenbeschreibungen, zahlreiche Stadt- und Ortspläne, Hinweise auf das kulturelle und touristische Angebot der Region und ein umfangreiches Übernachtungsverzeichnis – in diesem Buch finden Sie alles, was Sie für eine Radtour entlang der Romantischen Straße brauchen – außer gutem Radlwetter, das können wir Ihnen nur wünschen.

Kartenlegende

Radrouten (cycling routes)

Hauptroute, wenig KFZ-Verkehr
(main cycle route, low motor traffic)

— asphaltiert (main cycle route, paved surface)

– – – nicht asphaltiert (main cycle route, unpaved surface)

∙∙∙∙∙∙ schlecht befahrbar (main cycle route, bad surface)

Hauptroute, autofrei / Radweg
(main cycle route, without motor traffic / cycle path)

— asphaltiert (cycle path, paved surface)

– – – nicht asphaltiert (cycle path, unpaved surface)

∙∙∙∙∙∙ schlecht befahrbar (cycle path, bad surface)

Ausflug od. Variante, wenig KFZ-Verkehr
(excursion or alternative cycle route, low motor traffic)

— asphaltiert (excursion or alternative route, paved surface)

– – – nicht asphaltiert (excursion, unpaved surface)

∙∙∙∙∙∙ schlecht befahrbar (excursion, bad surface)

Ausflug od. Variante, autofrei / Radweg
(excursion or alternative cycle route, without motor traffic / cycle path)

— asphaltiert (excursion or alternative route, paved surface)

– – – nicht asphaltiert (excursion, unpaved surface)

∙∙∙∙∙∙ schlecht befahrbar (excursion, bad surface)

Sonstiges (other cycle routes)

— sonstige Radroute (other cycle route)

---

ooooooo Radweg in Planung (planned cycle path)

xxxxxxx Radweg gesperrt (closed cycle path)

∙∙∙∙∙∙∙∙ Schiebestrecke (dismounting recommended)

×−×−×− Einbahnführung (one-way connection)

Zugverbindung (train connection)

⚓ Fährverbindung (ferry connection)

∙∙∙∙∙∙∙∙ Kopfsteinpflaster (cobbled street)

Tunnel (tunnel)

●●●●●● verkehrsreiche Radroute
(cycle route with significant motor traffic)

▥▥▥ Radfahrstreifen (cycle lane)

Radfahrstreifen straßenbegleitender Radweg
(cycle path along road)

× × × × Straße für Radfahrer gesperrt
(road closed to cyclists)

⇒ Beschriebene Fahrtrichtung (described direction)

(5) Wegpunkt (waypoint)

Steigungen / Entfernungen (gradient / distance)

➤ starke Steigung (steep gradient, uphill)

➤ leichte bis mittlere Steigung (light gradient, uphill)

2,4 Entfernung in Kilometern (distance in km)
Durch Rundungen können Differenzen zu den tatsächlich gefahrenen Kilometern entstehen. (The values may differ from actual distances due to rounding off.)

Radinformationen (important cycling information)

🔧 Fahrradwerkstatt* (bike workshop*)

🚲 Fahrradvermietung* (bike rental*)

🚲 überdachter Abstellplatz* (covered bike stands*)

🚲 abschließbarer Abstellplatz* (lockable bike stands*)

🔌 E-Bike Ladestation* (E-bike charging station*)

ℹ️ Infotafel* (information board*)

⚠️ Gefahrenstelle (dangerous section)

⚠️ Text beachten (read text carefully)

🪜 Treppe (stairs)

🚲 Tragestrecke (bicycle must be carried!)

✕ Engstelle* (constriction, bottleneck*)

▯▯ Stadt- /Ortsplan (city map)

Nur in Ortsplänen (symbols only in the city maps)

🅿 Parkhaus* (garage*)

🎭 Theater* (theatre*)

✉ Post* (post office*)

🅰 Apotheke* (pharmacy*)

🅷 Krankenhaus* (hospital*)

🅵 Feuerwehr* (fire-brigade*)

🆅 Polizei* (police*)

* Auswahl (* selection)

Maßstab 1 : 75. 000

1 cm ≙ 750 m   1 km ≙ 13,3 mm

0 1 2 3 4 5 6 7 8 9 10 11 12 13 14 15 km

Sehenswertes / Einrichtungen (sights of interest / facilities)

Kirche; Kapelle (church; chapel)
Kloster (monastery/convent)
Synagoge; Moschee (synagogue; mosque)
Schloss, Burg; Ruine (palace, castle; ruin)
Turm; Leuchtturm (tower; lighthouse)
Wassermühle; Windmühle (watermill; windmill)
Kraftwerk (power station)
Bergwerk; Höhle (mine; cave)
Denkmal (monument)
Flughafen (airport)

sonstige Sehenswürdigkeit (other sight of interest)
Museum (museum)
Ausgrabungen; röm. Objekte (excavations; roman site)
Tierpark; Naturpark-Information (zoo; nature info)
Naturpark, -denkmal (nature reserve, monument)
sonstige Natursehenswürdigkeit (natural sight of interest)
Aussichtspunkt* (panoramic view*)
Tourist-Information; Gasthaus (tourist information; restaurant)
Hotel, Pension; Jugendherberge (hotel, guesthouse; youth hostel)
Camping-; Naturlagerplatz* (camping site; simple tent site*)
Einkaufsmöglichkeit*; Kiosk* (shopping facility*; kiosk*)
Rastplatz*; Unterstand* (picnic tables*; covered stand*)
Freibad; Hallenbad (outdoor pool; indoor pool)
Brunnen*; Parkplatz* (drinking fountain*; parking lot*)
Schönern sehenswertes Ortsbild (picturesque town)
Einrichtung im Ort vorhanden (facilities available)

Topographische Informationen (topographic information)

Kirche; Kapelle (church; chapel)
Kloster (monastery)
Synagoge; Moschee (synagogue; mosque)
Schloss, Burg; Ruine (palace, castle; ruins)
Turm; Leuchtturm (tower; lighthouse)
Wassermühle; Windmühle (windmill; water mill)
Kraftwerk; Solaranlage (power station; solar power station)
Bergwerk; Höhle (mine; cave)
Denkmal; Hügelgrab (monument; burial mound)
Flughafen; Flugplatz (airport; airfield)

Windkraftanlage (windturbine)
Funk- und Fernsehanlage (TV/radio tower)
Umspannwerk, Trafostation (transformer station)
Wegkreuz; hist. Grenzstein (wayside cross; boundary stone)
Sportplatz, Stadion (playing field, stadium)
Golfplatz; Tennisplatz (golf course; tennis courts)
Schiffsanleger; Schleuse (boat landing; sluice/lock)
Quelle (natural spring)
Kläranlage (wastewater treatment plant)
Staatsgrenze mit Übergang (international border crossing)
Landesgrenze (country border)
Kreis-, Bezirksgrenze (district border)
Naturschutzgebiet, Naturpark, Nationalpark (nature reserve, national park)
Truppenübungsplatz, Sperrgebiet (prohibited zone)

Autobahn; Schnellstraße (motorway/freeway; expressway)
Fernverkehrsstraße (highway)
Hauptstraße (main roads)
untergeordnete Hauptstraße (secondary main road)
Nebenstraße; Fahrweg (secondary road; side street/access road)
Weg; Fähre (track; ferry)
Straße geplant/in Bau (road planned/under construction)
Eisenbahn/Bahnhof; S-Bahnhof (railway/station; suburban station)
Eisenbahn stillgelegt; geplant (railway disused; planned)
Schmalspurbahn (narrow gage railway)
Bergbahn; Seilbahn (mountain railway; cable car)
Wald; Parkanlage (forest; park)
Sumpf; Heide (marsh/bog; heath)
Weinbau; Gartensiedlung* (vineyards; allotment gardens*)
Friedhof; Düne, Strand (cemetery; dunes, beach)
Watt; Gletscher (tidal flats; glacier)
Felsen; Geröll (rock, cliff; scree)
Steinbruch, Tagebau* (quarry, open cast mine*)
Gewerbe-, Industriegebiet (commercial/industrial area)
Siedlungsfläche; öffentl. Gebäude (built-up area)
Stadtmauer, Mauer (defensive wall, wall)
Damm, Deich (embankment, dike)
Kanal (canal)
Fluss/Staumauer/See (river/dam/lake)
Höhenlinie 100m/50m (contour line)
UTM-Gitter (in km; 2 km-Gitter) (UTM-grid)

5

Inhalt

Stadtpläne

Wetterfest und robust!

Für die Innenseiten dieses Buches haben wir uns etwas Besonderes einfallen lassen. Die Seiten bestehen aus hochwertigem Landkartenpapier, welches mit einer robusten und wasserabweisenden Beschichtung versehen wurde. Somit übersteht es unbeschadet auch mal ein Regenwetter.
Bitte beachten Sie: wetterfest und wasserabweisend bedeutet nicht wasserfest! Die Seiten sind gut gegen Spritzwasser geschützt und kleben, wenn sie feucht werden, nicht aneinander. Dennoch darf das Buch nicht komplett durchnässt werden.
Bitte verwenden Sie bei Dauerregen zusätzlich einen Regenschutz.

Die Romantische Straße

Die Romantische Straße ist die bekannteste Ferienstraße Deutschlands. Schon um die Jahrtausendwende zogen die Römischen Heere auf der „Via Claudia Augusta" aus dem damaligen Römischen Reich über die rätische Hauptstadt Videlicorum (Augsburg) bis hinauf an den Main. Später entwickelte sich die Straße zu einer der wichtigsten Fernhandelsstraßen Europas, die Italien mit den wirtschaftlich blühenden Städten Süd- und Mitteldeutschlands verband.

Im Januar 1950 hat man nun die historische Bedeutung der alten Handelsstraße aufgegriffen und die Nord-Süd-Verbindung vom Main bis zu den Alpen zur „Romantischen Straße" erklärt. „Romantisch" an dieser Strecke ist natürlich nicht die Straßen, sondern die gut erhaltenen, mittelalterlichen Städte mit ihren zahlreichen, sehenswerten Burgen und Schlössern.

Da Sie aber mit dem Fahrrad vom Main in den Süden radeln wollen, werden Sie nicht nur romantische Städtchen, sondern auch idyllische Landschaften kennen lernen, die abseits des hektischen Verkehrs der Autoreisenden liegen. Auf den Spuren der Römer radeln Sie auf einer speziell fürs Fahrrad konzipierten und durchgängig beschilderten Route vom Frankenland übers Schwabenländle ins Bayerische hinunter.

Streckencharakteristik

Länge

Die Gesamtlänge des Radweges Romantische Straße beträgt etwa **460 Kilometer**. Die zusätzlich beschriebenen Varianten und Ausflüge haben eine Länge von 54 Kilometern.

Updates

Ab März 2015 erhalten Sie online noch mehr!

Bisher konnten Sie zu jedem gekauften Buch den GPS-Track zur Route herunterladen. Unser Wunsch, Ihnen noch mehr aktuelle Informationen zukommen zu lassen, wird nun Realität. Mit der neuen Funktion, die Sie mittels ihres Produktcodes abrufen können, stehen Ihnen nun folgende Zusatzinformationen und regelmäßig aktualisierte Daten zur Verfügung:

• **GPS-Track**
• **Informationen zu Routenänderungen entlang der Strecke**
• **Aktuelles Übernachtungsverzeichnis**

Möchten Sie Co-Redakteur werden? Schicken Sie uns Ihr Wissen zum Radweg. Haben Sie Änderungen, Ungenauigkeiten oder Fehler in unserem Buch entdeckt... diese Rückmeldung können Sie uns hier direkt übermitteln. Ihre Infos kommen allen anderen bikelinern und bikelinerinnen sogleich zugute, eben über die neue „LiveUpdate-Funktion".

Wie funktioniert's? Egal ob auf Ihrem Computer, dem Tablet-PC oder Mobilgeräten – wenn Sie einen Internet-Zugang haben, können Sie von zu Hause oder unterwegs in das neue Webportal über **www.esterbauer.com** einsteigen. Nach der Anmeldung registrieren Sie sich mit dem Produktcode von Seite 2 aus dem Buch, und schon sind Sie mittendrin in den aktuellsten Informationen.

Klassifizierung durch ADFC

Mit dem Prädikat „ADFC-Qualitätsradroute" werden Radrouten ausgezeichnet, die von ADFC-Routeninspektoren komplett mit dem Fahrrad befahren wurden. Bewertet wird die Qualität der Befahrbarkeit, Sicherheit, Wegweisung und weiterer Kriterien wie Unterkünfte, Gastronomie, Erreichbarkeit mit der Bahn. Alle Daten zusammengefügt ergeben dann eine Einstufung zwischen einem und fünf Sternen für die jeweilige Route. Die Bewertung gilt für drei Jahre, danach muss, falls gewünscht, eine erneute Überprüfung erfolgen.

Der Radweg Romantische Straße wurde im Oktober 2013 mit 3 Sternen ausgezeichnet; er bietet also hohen Genuss für Radfahrer.

Wegequalität, Verkehr & Steigungen

Wegequalität: Zum Großteil verläuft die Radroute Romantischen Straße auf kleinen, ruhigen und asphaltierten Landstraßen; teilweise führt sie auch auf asphaltierten oder gesandeten Radwegen. Es gibt auch Wald- und Feldwege, wo Sie – selten aber doch – mit weniger gut befahrbaren Wegstücken rechnen müssen.

Verkehr: Das Verkehrsaufkommen hält sich auf den kleinen Landstraßen sehr in Grenzen. Nur selten müssen Sie aus Ermangelung eines Radweges kurz auf die Straße ausweichen.

Steigungen: Steigungen bleiben Ihnen auf dieser Radroute nicht erspart. Zwischen Würzburg und dem Taubertal durchfahren Sie hügeliges Land, hier müssen Sie mit häufigem Auf und Ab rechnen. Das Taubertal selbst ist dann wieder flacher, obwohl auch hier immer wieder leichte Steigungen auftreten aufgrund von Hanglagen des Radweges. Hinter Rothenburg geht's dann über die Frankenhöhe, Steigungen

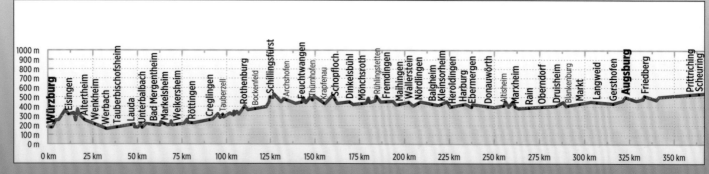

sind hier an der Tagesordnung bis Sie das Tal der Wörnitz erreicht haben. Von da ab bis nach Landsberg am Lech bleiben Sie dann großteils steigungsfrei, danach spürt man, dass das Alpenvorland immer näher rückt.

Beschilderung

Es gibt eine durchgehende Beschilderung für die Romantische Straße mit einem einheitlichen Logo. Die Beschilderung wurde nach dem hinweisenden System des ADFC konzipiert. Außerdem können Sie sich an der Beschilderung der **D-Route 9** orientieren, da

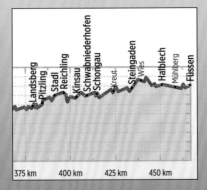

der Verlauf der Romantischen Straße der D-Route 9 entspricht.

Tourenplanung

Zentrale Infostellen

Romantische Straße, **Touristik-Arbeitsgemeinschaft GbR**, Segringer Str. 19, D-91550 Dinkelsbühl, ☏ 0049/(0)9851/551387, Fax 0049/(0)9851/551388, info@romantischestrasse.de, www.romantischestrasse.de

Regio Augsburg Tourismus GmbH, Schießgrabenstr. 14, D-86150 Augsburg, ☏ 0821/502070, Fax 5020745, tourismus@regio-augsburg.de www.regio-augsburg.de

Touristikgemeinschaft Liebliches Taubertal, Gartenstr. 1, D-97941 Tauberbischofsheim, ☏ 09341/825704, tourismus@lieblichestaubertal.de www.liebliches-taubertal.de

Anreise & Abreise mit der Bahn

Aufgrund der sich ständig ändernden Preise und Bedingungen für Fahrradtransport bzw.

-mitnahme empfehlen wir Ihnen, sich bei nachfolgenden Infostellen über Ihre ganz persönliche Anreise mit der Bahn zu informieren.

Informationsstellen

Deutsche Bahn AG Radfahrer Hotline: ☏ 01806/996633 (€ 0,20 pro Anruf aus dem Festnetz, Tarif bei Mobilfunk max. € 0,60 pro Anruf), Mo-So 8-20 Uhr, Auskünfte über Zugverbindungen, zur Fahrradmitnahme, Fahrpreise im In- und Ausland, Buchung von Tickets und Reservierungen, www.bahn.de, www.bahn.de/bahnundbike

Automatische DB-Fahrplanauskunft: ☏ 0800/1507090 (gebührenfrei aus dem Festnetz)

ADFC, Allgemeiner Deutscher Fahrrad-Club e. V.: weitere Infos und aufgeschlüsselte Einzelverbindungen unter www.adfc.de/bahn

Österreichische Bundesbahnen: **CallCenter** ☏ 05/1717 (österreichweit zum Ortstarif), www.oebb.at

Schweizer Bundesbahnen: **Rail-Service** ☏ 0041/900300300 (CHF 1,19/Min.), www.sbb.ch

Fahrradtransport

Hermes-Privat-Service (innerhalb Deutschlands): ☎ 0900/1311211 (€ 0,60/Min.) www.myhermes.de
Unter der Rubrik „Gepäck/Fahrrad versenden" am unteren Seitenrand erfahren Sie die aktuellen Preise und Modalitäten für den Fahrradversand.

An- und Abreise mit dem Auto

Wenn Sie lieber mit Ihrem eigenen Pkw anreisen wollen, so können Sie Würzburg auch bequem über die Autobahn erreichen. Sei es von Norden über die A 7, von Westen oder Osten über die A 3 oder von Süden kommend über die A 81. Zentrumsnah stehen Ihnen auch eingie gratis Parkplätze ohne Zeitbeschränkung zur Verfügung. Informieren Sie sich unter: www.gratisparken.de/bayern/wuerzburg. Von Füssen gelangen Sie bequem mit der Bahn (Füssen-Würzburg mehrmals täglich, Fahrzeit 4-5 Stunden, 1-3 mal Umsteigen) oder den Bussen der Romantischen Straße an Ihren Ausgangsort zurück.

Rad&Bus

Die Busse der Romantischen Straße verbinden täglich von April bis Oktober die Orte der Ferienstraße in beiden Richtungen miteinander und sind somit das Verkehrsmittel auf der Romantischen Straße. Die Busse sind für die Fahrradmitnahme ausgestattet. Die Fahrt kann dabei mit einem Ticket beliebig oft unterbrochen werden. So können Sie zum Beispiel Steigungsstrecken mit dem Bus zurücklegen, und dann von einem anderen Punkt entlang der Strecke einfach weiterradeln. Es werden auch Rad-/ Wanderpauschalen angeboten, die neben der bereits vorgebuchten Unterkunft den Gepäcktransport von Hotel zu Hotel und den Rücktransport der Fahrräder zum Ausgangsort enthalten. Alle Touren werden nach individuellen Wünschen zusammengestellt. Informationen bei: **Touring Tours & Travel GmbH**, Am Römerhof 17, D-60486 Frankfurt am Main, ☎ 069/719126268, Fax 719126156, Internet: www.touring-travel.eu
Romatische Straße Bus, verkehrt zwischen Frankfurt, Würuburg, Füssen und München. Bietet die Möglichkeit des Gepäcktransportes. Infos unter www.romanticroadcoach.de.

Übernachtung

Bei unseren Recherchen haben wir eine größtmögliche Auswahl für Sie zusammengestellt.

Für alle, die Alternativen oder einfach noch mehr Anbieter suchen, gibt es nachfolgende Internet-Adressen, die auch Beherbergungen der etwas anderen Art anbieten:
Der ADFC-Dachgeber funktioniert nach dem Gegenseitigkeitsprinzip: Hier bieten Radfreunde anderen Tourenradlern private Schlafplätze an. Mehr darüber unter www.dachgeber.de
Das **Deutsche Jugendherbergswerk** stellt sich unter www.djh.de mit seinen vierzehn Landesverbänden vor.
Auch die **Naturfreunde** bieten mit ihren **Naturfreundehäusern** eine Alternative zu anderen Beherbergungsarten an, mehr unter www.naturfreunde.de
Unter www.camping-in.de oder www.campingplatz.de finden Sie flächendeckend den **Campingplatz** nach Ihrem Geschmack. Weiterhin bietet **Bett+Bike** unter www.bettundbike.de zusätzliche Informationen zu den beim ADFC gelisteten Beherbergungsbetrieben in ganz Deutschland.

Mit Kindern unterwegs
Der Radweg Romantische Straße ist für Kinder ab 10-12 Jahren geeignet. Für kleinere Kinder ist die Strecke nicht empfehlenswert, da die Route zwar auf verkehrsarmen, jedoch meist nicht auf gänzlich verkehrsfreien Straßen verläuft. Hindernis sind aber vor allem die Steigungen, die abschnittsweise doch sehr anstrengend sind.

Radreiseveranstalter
Es ist auch möglich die Radtour mit Gepäcktransport im Voraus zu buchen:
Eurobike, A-5162 Obertrum am See, ☎ 0043/6219/7444, www.eurobike.at;
Rad-Touren-Teufel, D-97042 Würzburg, ☎ 09333/9045970, www.radtourenteufel.de
Velotours Touristik GmbH, D-78467 Konstanz, ☎ 07531/98280, www.velotours.de;
Velociped Fahrradreisen, D-35039 Marburg, ☎ 06421/886890, www.velociped.de;
Vielfalt Reisen, D-50999 Köln-Sürt, ☎ 02236/67101;
Rückenwind Reisen, D-26133 Oldenburg, ☎ 0441/485970, www.rueckenwind.de
Touring Tours & Travel GmbH, Am Römerhof 17, D-60486 Frankfurt am Main, ☎ 069/719126268, Fax 719126156, Internet: www.touring-travel.eu

11

Zu diesem Buch

Dieser Radreiseführer enthält alle Informationen, die Sie für den Radurlaub entlang der Romantischen Straße benötigen: Exakte Karten, eine detaillierte Streckenbeschreibung, ein ausführliches Übernachtungsverzeichnis, Stadt- und Ortspläne und die wichtigsten Informationen zu touristischen Attraktionen und Sehenswürdigkeiten.

Und das alles mit der *bikeline*-Garantie: die Routen in unseren Büchern sind von unserem professionellen Redaktionsteam vor Ort auf ihre Fahrradtauglichkeit geprüft worden. Um höchste Aktualität zu gewährleisten, nehmen wir nach der Befahrung Korrekturen von Lesern bzw. offiziellen Stellen bis Redaktionsschluss entgegen, die dann jedoch teilweise nicht mehr an Ort und Stelle verifiziert werden können.

Die Radtour ist nicht in Tagesetappen, sondern in logische Abschnitte aufgeteilt, weil die Tagesleistung zu sehr davon abhängt, wie sportlich oder genussvoll Sie die Strecke in Angriff nehmen möchten.

Die Karten

Die Detailkarten sind im Maßstab 1 : 75.000 erstellt. Dies bedeutet, dass 1 Zentimeter auf der Karte einer Strecke von 750 Metern in der Natur entspricht. Zusätzlich zum genauen Routenverlauf informieren die Karten auch über die Beschaffenheit des Bodenbelages (befestigt oder unbefestigt), Steigungen (leicht oder stark), Entfernungen sowie über kulturelle, touristische und gastronomische Einrichtungen entlang der Strecke.

Allerdings können selbst die genauesten Karten den Blick auf die Wegbeschreibung nicht ersetzen. Komplizierte Stellen werden in der Karte mit diesem Symbol ⚠ gekennzeichnet, im Text finden Sie das gleiche Zeichen zur Markierung der betreffenden Stelle wieder. Beachten Sie, dass die empfohlene Hauptroute immer in Rot und Violett, Varianten und Ausflüge hingegen in Orange dargestellt sind. Die genaue Bedeutung der einzelnen Symbole wird in der Legende auf den Seiten 4 und 5 erläutert.

Höhen- und Streckenprofil

Das in der Einleitung dargestellte Höhen- und Streckenprofil gibt Ihnen einen grafischen Überblick über die Steigungsverhältnisse, die Länge und die wichtigsten Orte entlang der Radroute. Zusätzlich wird am Beginn jedes Streckenabschnitts ein detaillierteres Höhen- und Streckenprofil gezeigt, in dem über die Wegpunkte eine Zuordnung zu Karte und Text möglich ist. Die Steigungs- und Gefälleverhältnisse entlang der Route finden Sie im Detail mit Hilfe der Steigungspfeile in den genauen Karten.

Der Text

Der Textteil besteht im Wesentlichen aus der genauen Streckenbeschreibung, welche die empfohlene Hauptroute enthält. Stichwortartige Streckeninformationen werden von dem Zeichen begleitet. Manche besonders markante oder wichtige Punkte auf der Strecke sind als Wegpunkte **1**, **2**, **3**, ... durchnummeriert und – zur besseren Orientierung – mit demselben Symbol in den Karten wieder zu finden.

Unterbrochen wird dieser Text gegebenenfalls durch orangefarbige Absätze, die Varianten und Ausflüge behandeln.

Ferner sind alle wichtigen **Orte** zur besseren Orientierung aus dem Text hervorgehoben. Gibt es interessante Sehenswürdigkeiten in einem Ort, so finden Sie unter dem Ortsbalken die jeweiligen Adressen, Telefonnummern und Öffnungszeiten.

Die Beschreibung der einzelnen Orte sowie historisch, kulturell oder naturkundlich interessanter Gegebenheiten entlang der Route trägt zu einem abgerundeten Reiseerlebnis bei. Diese Textblöcke sind kursiv gesetzt und unterscheiden sich dadurch auch optisch von der Streckenbeschreibung.

TIPP Textabschnitte in Violett heben Stellen hervor, an denen Sie Entscheidungen über Ihre weitere Fahrstrecke treffen müssen, z. B. wenn die Streckenführung von der Wegweisung abweicht oder mehrere Varianten zur Auswahl stehen u. ä.

AUSFLUG Sie weisen auch auf Ausflugstipps, interessante Sehenswürdigkeiten oder Freizeitaktivitäten etwas abseits der Route hin.

Übernachtungsverzeichnis

Auf den letzten Seiten dieses Radtourenbuches finden Sie zu fast allen Orten entlang der Strecke eine Vielzahl von Übernachtungsmöglichkeiten vom einfachen Zeltplatz bis zum 5-Sterne-Hotel.

AndersRum

Die blauen Texteinschlüsse mit der Bezeichnung „AndersRum" beschreiben die Strecke von Füssen nach Würzburg und finden sich jeweils neben der dazugehörigen Karte im Textteil des Buches.

13

Der erste Abschnitt der Radtour führt Sie von der Barockstadt Würzburg durch hügelige Wälder nach Tauberbischofsheim in das entzückende Taubertal. Der Tauber ist es gegönnt, ganz frei von jedweder Begradigung durch ihr Tal zu mäandrieren. Ihren Ufern folgen Sie durch die liebliche Flussaue in die romantische Welt mittelalterlicher Städte. Schlösser machen ihre Aufwartung, in vielen Gotteshäusern trifft man auf die holzgeschnitzten Kunstwerke des Tilman Riemenschneider, doch den krönenden Abschluss dieses Abschnittes bildet das reizende Städtchen Rothenburg ob der Tauber mit seinen verwinkelten Gassen und den schiefen Fachwerkhäusern aus dem Mittelalter.

Auf Forstwegen und kleinen Landstraßen gelangen Sie ins Taubertal, dort geht es entlang des Flüsschens auf gemütlichen Wegen weiter. Nennenswerte Steigungen gibt es hauptsächlich zwischen Würzburg und dem Taubertal.

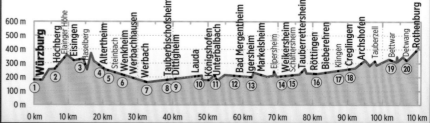

Von Würzburg nach Altertheim   19,1 km

1 Die Rad-Wegweiser der Romantischen Straße empfangen Sie direkt am **Bahnhofsvorplatz** ∼ einfach geradeaus entlang der Schienen und über die große Querstraße ∼ an der nächsten Kreuzung beschreibt die Hauptstraße mit den Straßenbahnschienen einen Rechtsbogen, Sie fahren hier geradeaus in die schmale Gasse ∼ die **Oberthürstraße** mündet auf eine Querstraße, die Schilder weisen nach rechts ∼ beim Stoppschild an der größeren Straße, der **Eichhornstraße**, rechts ∼ vor der Fußgängerzone links in die **Martinstraße**.

Würzburg

Vorwahl: 0931; PLZ: 97070

- 🅸 **Congress-Tourismus-Wirtschaft**, Am Congress Centrum, ✆ 372335, www.würzburg.de
- 🅸 **Tourist Information & Ticket Service im Falkenhaus am Markt**, Falkenhaus, Marktpl. 9, ✆ 372398
- 🏛 **Mainfränkisches Museum**, Festung Marienberg, ✆ 205940, ÖZ: April-Okt., Di-So 10-17 Uhr, Nov.-März, Di-So 10-16 Uhr. Sammlung fränkischer Kunstwerke (weltberühmte Plastiken von Tilman Riemenschneider), Zeugnisse fränkischer Weinkultur und eine Volkskundeabteilung mit Trachtensammlung.

Würzburg, Turmsilhouette

- 🏛 **Fürstenbaumuseum**, Festung Marienberg, ✆ 3551750, ÖZ: Mitte März-Okt., Di-So 9-18 Uhr. Stadtgeschichte Würzburgs, Wohnwelt der Würzburger Fürstbischöfe, Goldschmiedearbeiten und liturgische Gewänder
- 🅱 **St. Kiliansdom**, Domstraße, ✆ 3211830, ÖZ: Ostern-Allerheiligen, Mo-Sa 10-17 Uhr, So/Fei 13-18 Uhr, Allerheiligen-Ostern, Mo-Sa 10-12 Uhr und 14-17 Uhr, So/Fei 13-18 Uhr. Viertgrößte romanische Kirche aus dem 11./12. Jh., um 1700 barock dekoriert, 1945 teilweise ausgebrannt, Wiederaufbau 1967.
- 🅱 **Neumünster**. Romanische Basilika aus dem 11. Jh. mit einem mächtigen Kuppelbau und einer prächtigen Barockfassade aus dem 18. Jh.
- 🅱 **Residenz**, UNESCO Weltkulturerbe, ✆ 355170, ÖZ: April-Okt., Mo-So 9-18 Uhr, Nov.-März, Mo-So 10-16 Uhr. Erbaut im 18. Jh.,

gilt als eines der bedeutendsten Schlösser Europas und als Hauptwerk des süddeutschen Barock. Die Residenz wurde von der UNESCO als Weltkulturerbe klassifiziert.

- 🅱 **Festung Marienberg**, 1201 gegründet, auf den Grundfesten der ursprünglichen Fliehburg aus der Hallstattzeit (um 1000 v. Chr.), 1253-1719 Residenz der Fürstbischöfe. Nach der Eroberung durch Gustav Adolf von Schweden Ausbau zur Barockfestung.
- 🅰 **Lusamgärtchen**, Zugang nördlich vom Chor der Neumünsterkirche, Grabstätte Walthers von der Vogelweide
- 🚲 **Velo-Momber**, Landwehrstr. 13, ✆ 12627

Wenn Sie in Würzburg die Festung Marienberg erklimmen, – ein Weg ohne Treppen führt in Serpentinen hinauf, so dass Sie problemlos Ihr Fahrrad mit hinaufnehmen können – können Sie von hier oben einen wundervollen Blick auf die Altstadt werfen, die, mit zahlreichen Türmen geschmückt, zu Ihren Füßen liegt. Schon im 8. Jahrhundert v. Chr. bestand hier auf dem Marienberg eine befestigte Höhensiedlung, 1.500 Jahre später, im 7. Jahrhundert n. Chr., hatten die fränkischen Herzöge schon eine Burg errichtet. Sie nannten sie das Castellum Wirciburg.

Am Fuße der mächtigen und eindrucksvollen Befestigungsanlagen wurde von dem ersten Würzburger Bischof Burkard das

Würzburg, Südflügel der Residenz

Kloster St. Andreas gegründet. Diesseits des Mains entstand rund um das Kloster das Mainviertel, eine Fischersiedlung mit verwinkelten Gässchen und hübschen Häusern.

Rechts des Mains, verbunden mit dem Mainviertel und der Festung durch die älteste Steinbrücke über den Main, die Alte Mainbrücke aus dem Jahr 1133, entwickelte sich eine blühende Siedlung, die im 12. Jahrhundert das Stadtrecht verliehen bekam. Das selbstbewusste Bürgertum versuchte immer wieder, sich von der Herrschaft der Bischöfe zu befreien. Die Bürger hatten jedoch keinen Erfolg, und ihren Bemühungen hinsichtlich einer Befreiung von der Geistlichkeit wurde mit der Schlacht bei Bergtheim und im Bauernkrieg endgültig ein Ende gesetzt.

Die reiche Stadt blieb natürlich nicht von Kriegen und Plünderungen verschont. Während des Dreißigjährigen Krieges gelang es den Schweden sogar, die bisher als uneinnehmbar geltende Festung auf dem Marienberg zu stürmen und zu plündern. Dem Elend dieses verheerenden Krieges folgte wieder eine Zeit der Blüte für die Stadt. Unter dem Fürstbischof Philipp von Schönborn erlangte die Stadt einen besonderen baulichen und architektonisch künstlerischen Reiz.

Balthasar Neumann und Tilman Riemenschneider sind sicherlich jene Künstler, die Würzburg am stärksten und nachhaltigsten durch ihre Kunst geprägt haben. Der Autodidakt Neumann kam ursprünglich als Glockengießergeselle in die Stadt und erlangte bald Ruhm und Ehre und so wichtige Aufträge wie den Bau der Residenz. Die Herrschaft aus dem Hause Schönborn wollte mit diesem Schloss, das als das schönste deutsche Barockschloss gilt, etwas Ebenbürtiges zu Versailles und Schönbrunn schaffen, um die wirtschaftliche und politische Abhängigkeit von diesen Mächten zu überspielen.

Auch der Bildschnitzergeselle Tilman Riemenschneider kam einst auf seinen Wanderungen nach Würzburg und blieb, mit Aufträgen überhäuft, in der Stadt. Der Künstler wurde später zum Bürgermeister gewählt. Diese Karriere nahm jedoch während der Bauernkriege 1525 ein abruptes Ende, da er sich auf die Seite der Bauern stellte. Aber seine zahlreichen Plastiken sind weit über das Frankenland hinaus berühmt

Würzburg, Festung Marienberg

und seine Altäre schmücken die unzähligen Kirchen der Stadt, deren Türme weithin von der Herrschaft der Bischöfe erzählen.

Der Dom St. Kilian, eins der größten romanischen Bauwerke in Deutschland, ist das beste Beispiel hierfür. Er entstand ursprünglich über dem Grab des heiligen Kilian, an der Stelle, an der heute das Neumünster steht. An seinem jetzigen Standort und in seiner heutigen Form wurde der Dom Ende des 13. Jahrhunderts fertiggestellt. Gleich nebenan, nördlich des Domes, wurde, ebenfalls im 13. Jahrhundert, die katholische Pfarrkirche Neumünster errichtet. Die beiden heiligen Stätten sind räumlich nur durch den Kiliansplatz, ein eingeebneter Leichenhof, getrennt. An das Neumünster angegliedert ist das Lusamgärtchen, das Sie durch die nördliche Seitentür der Kirche erreichen. In diesem kleinen Hof finden Sie die Gedenkstätte des Dichters und Minnesängers Walther von der Vogelweide, der hier gar begraben sein soll. Sehenswert ist auch das historische Juliusspital, eine gemeinnützige Stiftung des Fürstbischofs Julius Echter von Mespelbrunn aus dem Jahr 1576. Unter dem prächtigen barocken Fürstenbau liegen die Weine des Weingutes, die

auch zum Unterhalt des Krankenhauses, des Altenheimes und der Armen beitragen. Jeder Schluck Wein bedeutet somit auch eine gute Tat.

Das Frankenland

Besinnen Sie sich auf Ihrer Fahrt auf diesen waldigen Hügeln ein wenig des Landes, in dem Sie sich gerade befinden: das Frankenland. Das Land der Franken hat eine lange und lebhafte Geschichte hinter sich. Schon im 6. Jahrhundert wanderten die Franken vom Neckar in dieses Gebiet ein und schufen so das östliche Franken, das sich dann unter den Sachsenkaisern im 10. Jahrhundert zu einem eigenen Herzogtum entwickelte.

Anfang des 16. Jahrhunderts, als Kaiser Maximilian das Reich in 10 Kreise einteilte, legte er 24 der zersplitterten Territorien zu dem Reichskreis Franken zusammen. Mit dem Wiener Kongress zu Beginn des 18. Jahrhunderts hörte Franken als eigenständiges Gebiet auf zu existieren und wurde auf die Länder Bayern, Hessen, Baden und Württemberg verteilt. Das Frankenland bildet nichtsdestotrotz noch eine kulturelle Einheit und kann aufgrund dieser be-

wegten Geschichte in keine genauen Grenzen gezwängt werden.

Wenn Sie zeitlich noch sehr viel weiter zurückgehen und die Erdgeschichte dieses Gebietes betrachten, dann stellen Sie fest, dass Sie sich im schwäbisch-fränkischen Schichtstufenland befinden. Die Schichtstufenlandschaft ist durch die unterschiedlichen Gesteinsbeschaffenheiten entstanden und zeichnet sich durch eine Abfolge von Flächen und Stufen aus. Bei den unterschiedlichen Geländeformen spricht man vor allem von Waldland und Gäu, wobei hier im Schwäbisch-Fränkischen die Gäulandschaften weit verbreitet sind. Sie sind außerordentlich fruchtbar, da der Untergrund mit Löss, einem vom Wind angewehten, sehr feinen Material, überdeckt ist.

Durch das Waldland des schwäbisch-fränkischen Schichtstufenlandes strampeln Sie nun, den Untergrund bildet der sogenannte Muschelkalk. Bedenken Sie, unter ihren Rädern befindet sich ein fast 200 Millionen Jahre altes Gestein, das entstanden ist, als dieses Gebiet hier vom Meer überflutet war. Wenn Sie ein Stück Muschelkalk näher betrachten, können Sie Spuren von verstei-

AndersRum (Karte 1): Vor **Waldbrunn** die Autobahn überqueren ⇝ am Ortsbeginn rechts Richtung Eisingen ⇝ auf Radweg bis nach **Eisingen** ⇝ am Ortsende die Vorfahrts- und Ortsdurchfahrtsstraße nach links hin verlassen ⇝ etwa 1,5 km hinter Eisingen rechts und unter der B 27 hindurch ⇝ **Höchberg** durchfahren ⇝ bei der Kreuzung mit der B 8 rechts und auf einem Radweg nach **Würzburg** ⇝ links in die **Burkarder-Straße** ⇝ rechts über die **Alte Mainbrücke** ⇝ den **Dom** rechtsherum umrunden ⇝ in die **Martinstraße** ⇝ über die **Eichhornstraße** und die **Oberthürstraße** zum Barbarossaplatz ⇝ die **Kaiserstraße** führt geradeaus zum **Hauptbahnhof**.

nerten Muscheln und anderen Meerestieren erahnen.

Beim Kirchenkomplex kommen Sie auf Kopfsteinpflaster und wenden sich in die erste Straße nach rechts ⇝ durch die Pfosten geradeaus in die Straße **Am Bruderhof** ⇝ bei der nächsten Straßengabelung rechts halten ⇝ erneut rechts weiter auf der **Plattnerstraße** ⇝ bei der gepflasterten Schienenstraße links ⇝ den Main auf der **Alten Mainbrücke** überqueren ⇝ an der Vorfahrtsstraße rechts, Sie reihen sich aber gleich auf die Linksabbiegespur ein ⇝ gleich wieder links in die **Burkarderstraße** ⇝ auf dieser geradeaus bis zur Kirche ⇝ geradeaus durch das Tor hindurch.

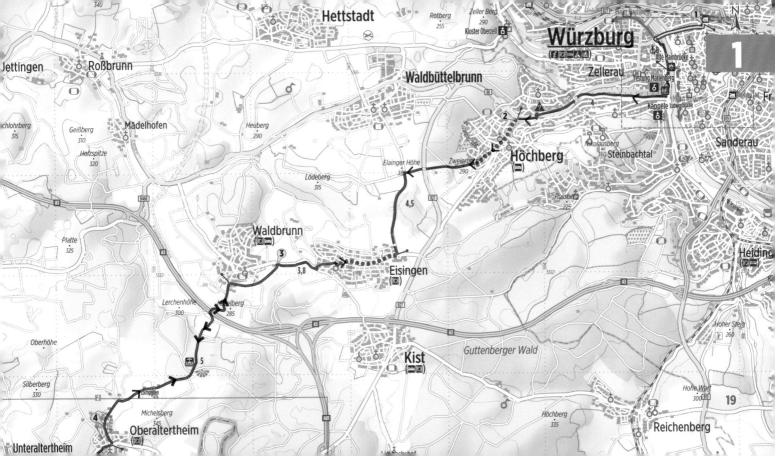

Wenn Sie am Ende der Bur-karderstraße das Tor durch-fahren, bedenken Sie, dass Sie sich gerade unterhalb des hochgelegenen Chores der Kirche St. Burkard, der Pfarrkirche des ehemaligen Fischerviertels, befinden. Es war die Kirche eines Benedik-tinerklosters, das im 8. Jahr-hundert hier gegründet worden war. Auffällig ist die scharfe Trennung der Kirche in den romanischen Teil und den gotischen Chor, der gera-de über Ihnen schwebt.

An der **Leistenstraße** rechts auf den Rad-und Fußweg ∾ es geht stetig bergauf nach Höchberg ∾ in Höchberg rechts ab ⚠ Vorsicht, hier weist Sie die Beschilderung in die Münchener Straße, Sie biegen jedoch im spitzen Winkel rechts in die **Würzburger Straße ein** ∾ gleich darauf wieder rechts auf einen kleinen Steg, der über die Bundesstraße B 8 führt ∾ danach rechts in den **Winterleitenweg** ∾ an der T-Kreuzung **2** links in die Hauptstraße.

Höchberg

Sie durchfahren die Ort-schaft und biegen nach einer Weinpresse rechts in den **Grundweg** ∾ dem Straßenverlauf folgen, und an der Kreuzung die Bür-germeister-Seubert-Straße queren ∾ geradeaus weiter und die B 27 unterqueren ∾ danach am Querweg links ∾ Sie kommen nach Eisingen ∾ an der Vorfahrtsstraße rechts.

Eisingen

Sie folgen dem Hauptstra-ßenverlauf durch Eisingen im mäßigen Verkehr durch die Ortschaft hindurch ∾ an einer Gabelung links halten ∾ auf diesem Weg aus Eisingen hinaus Rich-tung Waldbrunn ∾ am Ortsende von Eisingen auf den Rad- und Fußweg, der parallel zur Hauptstraße verläuft auffahren ∾ kurz vor

AndersRum (Karte 2): In **Werbach** von der **Liebfrauenbrunnen-straße** kommend nach rechts und dann links ∾ bei der **Schneid-mühle** über eine Brücke ∾ an der Kreuzung links ∾ nach dem Ort **Werbachhausen** kommen Sie nach **Wenkheim** ∾ links über eine Brücke ∾ von der **Hindenburgstraße** kommend nach rechts in eine kleine asphaltierte Straße ∾ in **Steinbach** rechts und daraufhin links ∾ durch **Unteraltertheim** ∾ in **Oberaltertheim** rechts in die Straße **Krautgarten** ∾ rechts abbiegen und links in die **Raiffeisenstraße** ∾ diese dann nach rechts hin verlassen.

Ortsbeginn Waldbrunn den Radweg und die Vorfahrtsstraße nach **3** links verlassen, gera-deaus weiter erreichen Sie das Ortszentrum von Waldbrunn.

Waldbrunn

Dem Straßenverlauf am Ortsrand von Wald-brunn folgen ∾ an der 4er-Kreuzung links Richtung Autobahn ∾ es geht bergab ∾ die Autobahn queren ∾ links halten ∾ im Tal-boden geradeaus wieder steil bergauf ∾ im Wald können Sie sich an einem **Rastplatz** ausruhen ∾ oben angelangt geradeaus aus dem Wald wieder auf Asphalt ∾ bergab nach Oberaltertheim ∾ im Ort **4** links in die **Raiffeisenstraße** ∾ an der T-Kreuzung rechts.

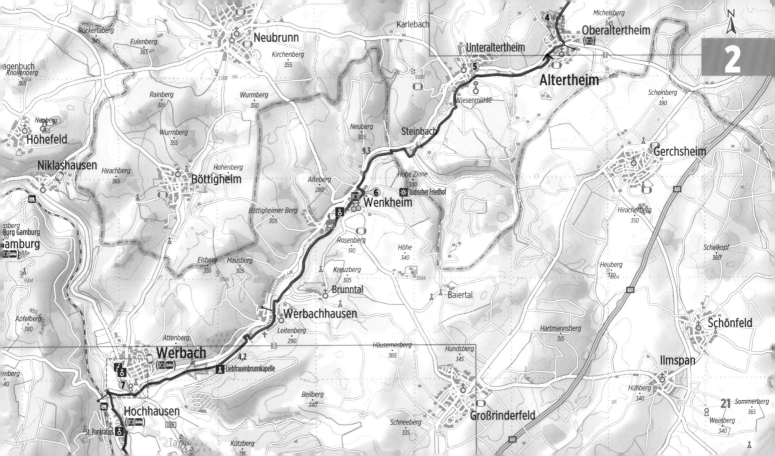

Oberaltertheim

Von Altertheim nach Tauberbischofsheim   19,2 km
Noch im Ort links in die Straße **Krautgarten** ∿ an der nächsten T-Kreuzung links ∿ ein kleines Sträßlein durch Gärten nach **Unteraltertheim** ∿ im Ort gerade bis zur größeren Straße ∿ an der Kreuzung mit mehreren Wegen **5** geradeaus weiter ∿ am Reitplatz vorbei, das nächste Ziel ist **Steinbach** ∿ Sie fahren auf der Straße **Weberhecke** ∿ weiter in die **Hachtelstraße** ∿ dem starken Rechtsknick und den Schildern folgen ∿ über eine kleine Brücke ∿ die Ausschilderung weist nach links ∿ Sie kommen nach Wenkheim und biegen bei den ersten Häusern links ab ∿ an der Kreuzung **6** rechts halten.

Wenkheim
Links in die **Obertorstraße** ∿ auf der kleinen Straße vorbei am Schwimmbad nach **Werbachhausen** ∿ bei der Brücke an der Querstraße leicht links versetzt geradeaus weiter ∿ an der T-Kreuzung rechts ∿ vor der **Schneidmühle** links über die Brücke ∿ Sie folgen nun immer dem Straßenverlauf des kleinen Sträßchens bis nach Werbach.

Werbach
Die nächstgrößere Straße überqueren, entlang der Gärten Richtung Hochhausen ∿ **7** links auf den straßenbegleitenden Radweg auffahren ∿ auf der Sandsteinbrücke mit dem heiligen Nepomuk über die Tauber ∿ links Richtung Hochhausen.

Von nun an verläuft die Route der Romantischen Straße bis Rothenburg ob der Tauber auf der gleichen Strecke wie der Radweg „Liebliches Taubertal - Der Klassiker".

Sie durchfahren nun die Ortschaft **Hochhausen** ∿ parallel zur K 2815 geht es bis zum Ortsschild Tauberbischofsheim ∿ weiter entlang der **Pestalozziallee** ∿ den Kreisverkehr geradeaus queren und weiter bis zum **8** Fußgängerübergang gegenüber eines großen Parkplatzes ∿ geradeaus queren und weiter durch die **Blumenstraße** ∿ die Schmiederstraße kreuzen ∿ geradeaus am Rathaus vorbei zum **Marktplatz**.

Tauberbischofsheim
PLZ: 97941; Vorwahl: 09341

🄸 **Tourist-Information**, Marktpl. 8, ✆ 80313 u. 80333, www.tauberbischofsheim.de

🏛 Kurmainzisches Schloss mit Tauberfränkischem Landschaftsmuseum, ✆ 3760, ÖZ: Palmsonntag-Okt., Di-Sa 14.00-16.30 Uhr, So/Fei 10-12 Uhr und 14-16.30 Uhr. Die Ausstellung bietet einen

Tauberbischofsheim, Marktplatz mit Rathaus

Überblick über verschiedene Aspekte der Regionalgeschichte. Gezeigt werden u. a. prähistorische Funde, kirchliche Kunst, barocke Möbel, Trachten und bäuerlicher Hausrat. Sehenswert sind, u. a. die Kopien der Tauberbischofsheimer Tafel, die von Matthias Grünewald gemalt wurden sowie das Stadtmodell „Tauberbischofsheim in der Mitte des 18. Jh.".

🏛 **Museum Sonnenplatz-Apotheke**, ehemalige Apotheke prachtvoller Inneneinrichtung aus dunklem Kirschkernholz und im Empire-Stil, die 2006 zu einem Museum umfunktioniert wurde. Besichtigung auf Anmeldung bei den Apothekern Doerthe und Henning Briegleb ✆ 4557.

🔯 **Kurmainzisches Schloss mit Türmersturm**. Mit dem Bau des weitläufigen Gebäudekomplexes wurde im Jahr 1250 begonnen. Bis ins 16. Jh. hinein wurde es mehrmals verändert und erweitert. Der Türmerturm ist das Wahrzeichen der Stadt.

🔯 **Stadtkirche St. Martin**. Erbaut in den Jahren 1910-1914 im neugotischen Stil enthält die Kirche mittelalterliche Kunstwerke, u. a. ein Steinrelief des Hl. Martin aus dem 13. Jh. und einen Marienaltar aus dem 16. Jh.

AndersRum (Karte 3 und 4): In **Königshofen** an der **B 292** links und dann rechts ⸻ entlang der Gleise nach **Lauda** ⸻ links durch die Bahnunterführung über den **Gässleinsweg** rechts in die **Josef-Schmitt-Straße** ⸻ in die **Bachgasse** links ⸻ wieder rechts in die **Marienstraße** ⸻ auf der **Pfarrstraße** aus dem Ort hinaus und nach **Distelhausen** ⸻ **Dittigheim** durchfahren ⸻ in **Tauberbischofsheim** über die Fußgängerzone zum **Marktplatz** ⸻ über die **Blumenstraße** in die **Pestalozziallee** ⸻ an der Ampel links ⸻ durch **Hochhausen** ⸻ die Brücke über die **Tauber** nach rechts hin überqueren.

🔯 **Klosterhof**, ehem. **Franziskanerkloster**

🗝 **Peterskapelle** (1180), ältester Kirchenbau der Stadt

🔯 **Reste der Stadtmauer mit Hungerturm**

✳ **Historische Altstadt**. Das neugotische Rathaus, Fachwerkgebäude wie die Alte Post, die Sternapotheke, Patrizierhäuser und das Barockpalais am Marktplatz, Fußgängerzone

📫 **Frankenbad**, Vitryallee, ✆ 95682

🚲 **2-Rad-Esser**, Daimlerstr. 5, ✆ 5118

🚲 **Schunder**, Hauptstr. 96, ✆ 5008, auch Verleih

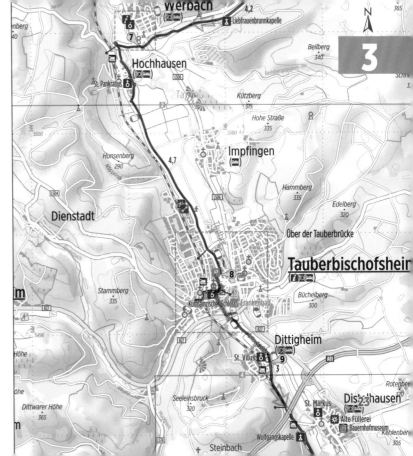

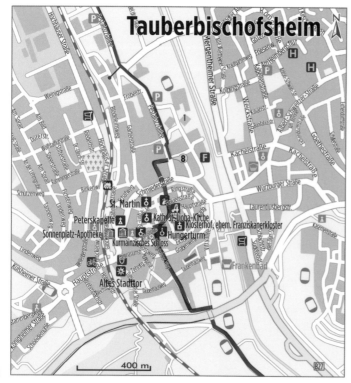

Tauberbischofsheim

Tauberbischofsheim, Kurmainzisches Schloss mit Türmersturm

Ursprünglich eine Merowingersiedlung, erhielt im 8. Jahrhundert Bischof Bonifatius die Pfalz nach einer Schenkung durch Karl Martell. Im Jahre 735 gründete der Bischof hier das erste deutsche Frauenkloster und übergab es seiner Verwandten, der heiligen Lioba, als Äbtissin. Die Töchter angesehener fränkischer Familien wurden in dem Kloster unterrichtet, ohne sich zum Ordenseintritt verpflichten zu müssen. Seinen wirtschaftlichen Aufstieg verdankt das hübsche Städtchen dem erfolgreichen Weinbau und der vorbeiführenden Handelsstraße von Nürnberg nach Frankfurt.

Ende des 13. Jahrhunderts erhielt der blühende Ort als kurmainzische Amtsstadt das Stadt- und Marktrecht. Gleichzeitig wurde mit dem Bau der Stadtbefestigung und des Schlosses begonnen. Von der ursprünglichen Anlage sind noch der 37 Meter hohe Türmersturm und drei Rundtürme erhalten. Der „Türmersturm" stellt heute das Wahrzeichen von Tauberbischofsheim dar. Die Blütezeit der Stadt nahm infolge der Beteiligung der Bürgerschaft am Bauernkrieg ein jähes Ende. Sie verlor die Selbstverwaltung und Privilegien und der Mainzer Erzbischof führte eine neue Stadtordnung ein, die die Rechte der Bürger stark einschränkte.

Heutzutage ist Tauberbischofsheim Kreisstadt des Main-Tauber-Kreises, berühmt für

Dittigheim

ihre historische Altstadt mit Bauwerken aus verschiedenen Epochen, den schmucken Fachwerkhäusern und weltweit bekannt als Fechterhochburg. Auch der heutige IOC-Präsident Dr. Thomas Bach, Olympiasieger und Florett-Fecht-Weltmeiser, ist ein echtes Tauberbischofsheimer Gewächs.

Von Tauberbischofsheim
nach Lauda-Königshofen   7 km

Vom Marktplatz aus rechts in die Fußgängerzone zum Kurmainzischen Schloss ᔕ hinter dem Türmersturm die kleine Treppenanlage hinunter zum **Dittigheimer Weg** ᔕ auf dem Radweg nun durch die Unterführung und weiter nach Dittigheim ᔕ im Ort an einem Gasthaus und einer Kirche vorbei ᔕ **9** dann an der Kreuzung geradeaus weiter.

Dittigheim
PLZ: 97941; Vorwahl: 09341

🔲 **St. Vitus Kirche**, Rathauspl. 2. Erbaut in den Jahren 1748-1752 nach Plänen von Balthasar Neumann.

Von Dittigheim weiter nach Distelhausen ᔕ die Ortschaft liegt am linken Ufer der Tauber, Sie bleiben jedoch auf der rechten Seite und

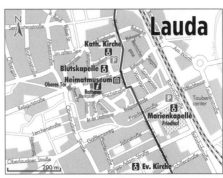

kommen an der St.-Wolfgang-Kapelle (1442) vorbei.

Distelhausen
PLZ: 97941; Vorwahl: 09341

🔲 **Bertold's Bauernhofmuseum**, Bundesstr. 53, ✆ 848689, ÖZ: n.V. Gezeigt werden landwirtschaftliche Geräte aus der Vergangenheit.

🔲 **Pfarrkirche St. Markus**, Bundesstr. 2. Die Barockkirche wurde in den Jahren 1731-1738 nach Plänen von Balthasar Neumann erbaut.

Auffallend sind hier die vielen Obstbäume ᔕ eben und schnurgerade auf Lauda-Königshofen zu ᔕ mit einem Rechtsknick über die Bahnbrücke ᔕ danach links dem Straßenverlauf folgen ᔕ Sie kommen nach Lauda ᔕ an

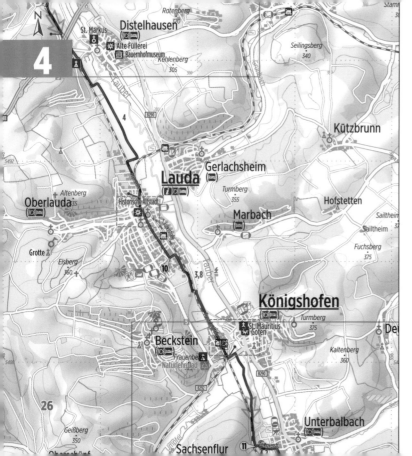

der Kreuzung beim Gasthof Zum Goldenen Stern geradeaus auf der **Pfarrstraße** ins Zentrum von Lauda.

Lauda-Königshofen

PLZ: 97922; Vorwahl: 09343

- 🛈 **Touristen-Information**, Marktpl. 1, ✆ 501128, www.lauda-koenigshofen.de
- 🏛 **Heimatmuseum**, Stadtteil Lauda, Rathausstr. 23, ✆ 4517, ÖZ: April-Okt., So/Fei 15-17 Uhr. Das Museum bietet Sammlungen aus Wein- und Ackerbaukultur, bäuerlichem Leben und Handwerk im Taubertal.

- ❀ Das **Obere Tor**, 1496 errichtet, und der fast 650 Jahre alte **Pulverturm** sind die Relikte der mittelalterlichen Stadtbefestigung.
- ❀ Historische **Altstadt** mit Fachwerkgebäuden und gotischer Tauberbrücke (1512) mit Nepomukstatue und Bildstöcken, Oberes Tor und Dampflokdenkmal.

Königshofen wurde erstmals im Jahre 741 als Kunegeshoven und Lauda im Jahre 1135 als Ludun urkundlich erwähnt. Die Region blickt aber bereits auf keltische Besiedlung zurück. Nachdem der Ort im Jahre 1344 durch Kaiser Ludwig den Bayern die Stadtrechte zugesprochen bekam, begann man mit dem Bau der Stadtbefestigung. Nach einer wechselvollen Geschichte kam Lauda zu Beginn des 16. Jahrhunderts zum Herzogtum Franken und blühte als Oberamtsstadt der Würzburger Bischö-

AndersRum (Karte 5): In **Bad Mergentheim** durch das Parkgelände über die Brücke und dann rechts und dem Radweg geradeaus zum Schloss folgen das Schloss rechts umrunden, die Gleise queren und links entlang der B 290 nach **Edelfingen** links in die **Alte Frankenstraße** über die **Theobaldstraße** rechts in die **Tauberstraße** in **Unterbalbach** links halten in Nähe der Gleise weiter nach **Lauda-Königshofen.**

fe zusehends auf. Unter Napoleon ging das Städtchen dann an das Großherzogtum Baden. Im Jahre 1975 wurde die heutige Stadt Lauda-Königshofen aus 12 Städten und Gemeinden neu gebildet.

Von Lauda-Königshofen nach Bad Mergentheim   11,2 km

Geradeaus weiter in die **Marienstraße** links in die **Bachgasse** gleich darauf am Narrendenkmal vorbei wieder rechts in die **Josef-Schmitt-Straße**, auf der Sie Lauda verlassen 10 am Ende der Straße links zu den Gleisen parallel zu den Gleisen entlang unter den Gleisen hindurch und rechts in den Ortsteil **Königshofen** gelangen Sie auf der **Eisenbahnstraße** gegen Ortsende stoßen Sie auf die Bundesstraße 292 und wenden sich

auf den Radweg nach links ⌇ in die nächste Straße, beim Kinderspielplatz schon wieder rechts ⌇ auf einem Radweg Richtung Unterbalbach ⌇ **11** links über die Tauberbrücke nach Unterbalbach.

Unterbalbach

An der zweiten Kreuzung im Ort rechts in den **Erlenweg** ⌇ nach einem Links-Rechts-Schlenker um den Ort herum gelangen Sie wieder ins freie Feld ⌇ weiter Richtung Edelfingen.

Edelfingen

Im Ort rechts in die **Tauber-straße** ⌇ dann links in die **Theobaldstraße** ⌇ kurz darauf wieder rechts ⌇ links auf der **Alte Franken-straße** zur Hauptstraße ⌇ rechts auf den linksseitigen Radweg ⌇ der Radweg entfernt sich von der B 290 und führt ganz idyllisch am Tauberufer nach Bad Mergentheim ⌇ an der **Wolfgangstraße 12** rechts über die Brücke.

Kurpark Bad Mergentheim

Bad Mergentheim

PLZ: 97980; Vorwahl: 07931

🛈 **Tourist-Information**, Marktpl. 1, ✆ 574815, www.bad-mergentheim.de

🏛 **Deutschordensmuseum** im Deutsch-ordensschloss 16, ✆ 52212, ÖZ: April-Okt., Di-So, Fei 10.30-17 Uhr, Nov.-März, Di-Sa 14-17 Uhr, So/Fei 10.30-17 Uhr. Themen des Museums sind die Ordens-, Stadt- und Regionalgeschichte. Gezeigt werden Fürstenwohnräume des Barock, Rokoko und Klassizismus, Mörike-Kabinett und eine Sammlung historischer Puppenstuben.

🏰 **Deutschordensschloss**. Der Gebäude-komplex ist durch einen Graben von der Stadt getrennt und entstand in dieser Form Mitte des 16. Jhs. Sehenswert sind auch die Schlosskirche (evang. Stadtpfarrkirche) und der Hofbrunnen.

✾ **Historische Häuser**, zum Beispiel ehemalige Beamtenwoh-nungen gegenüber dem Schloss.

✾ **Fachwerkhäuser**, zu den ältesten gehört der Ratskeller aus dem 15. Jh.

🖼 **Wildpark** im Stadtwald Katzenberg, ✆ 41344, ÖZ: März-Okt., Mo-So 9-18 Uhr, Nov.-April, Sa, So/Fei ab 10.30 Uhr. Artenreicher Heimattierpark mit Bären, Wölfen, Luchsen, Wildschweinen, Berberaffen, Mufflons und vielen anderen Tieren.

💧 **Solymar-Therme**, Erlenbachweg, ✆ 965680, ÖZ: Thermen- und Saunabereich: tägl. 10-24 Uhr, Sport- und Familienbereich: tägl. 9-22 Uhr. Mineralwasserbecken mit ortsüblichem Heilwasser, 25-Meter-Sportbecken, Kinderwassserspielplatz, Röhrenrutsche, große Saunaabteilung und Wellnessanwendungen.

🚲 **Zweirad Fischer**, Kapuzinerstr. 12, ✆ 7763

🚲 **Fahrradzentrum MOTT**, Wilhelm-Frank-Str. 28, ✆ 52021

Im Jahre 1058 wurde der Ort als fränkischer Königshof unter dem Namen Merginthaim erstmals beurkundet. Im 12. Jahrhundert ge-langte die Grafschaft in den Besitz der Herren von Hohenlohe, die im Jahre 1219 das Gebiet dem Deutschen Orden, dem sie angehörten,

Bad Mergentheim, Marktplatz mit altem Rathaus

schenkten. Der Ort erlebte von da an einen raschen Aufstieg und wurde im Jahre 1340 zur Stadt erhoben. Im Jahre 1525 verlegte der Orden die Residenz seines Hoch- und Deutschmeisters nach Mergentheim. Das Regiment dieses bedeutenden geistlichen Ritterordens, von der mittelalterlichen Bürgerschaft erbittert bekämpft, prägte die Stadt bis zum Beginn des 19. Jahrhunderts nachhaltig und gab ihr großes Ansehen und Reichtum. Der Hochmeister Maximilian Franz, Sohn der Kaiserin Maria Theresia, brachte 1791 mit seinem Hausorchester den jungen Ludwig van Beethoven nach Mergentheim.

Mit der Zerschlagung des Hochmeistersitzes durch König Friedrich im Jahre 1809 hatte die glanzvolle Zeit ein Ende. Napoleon löste den Orden auf und sprach Mergentheim dem König von Württemberg zu. Erst die Entdeckung

der Heilquellen brachte dem Ort wieder Aufschwung und auch Weltruhm.

Dies geschah, wie die Geschichte erzählt, am Morgen des 13. Oktober 1826, als der Schäfer Franz Gehrig seine Schafe rechts der Tauber weiden ließ. Es war ein heißer Sommer gewesen, der den Wasserspiegel der Tauber abgesenkt hatte. Die Schafe entdeckten die Sickerquelle, die nun nicht mehr unbemerkt unterhalb des Flusswasserspiegels in die Tauber abfließen konnte, sondern an die Oberfläche sprudelte. Gehrig bemerkte den Salzgehalt der Quelle, die wahrscheinlich schon von den Kelten als Heilquelle genutzt wurde, und verschaffte damit der Stadt eine vollkommen neue Entfaltungsmöglichkeit.

Der Entdecker der heilbringenden Quellen selbst hatte jedoch Pech. Er ließ sich als Brunnenmeister anstellen, doch nach kürzester Zeit

Bad Mergentheim

400 m

war das junge Bad so verschuldet, dass man den Schäfer ohne Entschädigung entließ. Franz Gehrig starb 1851 vollkommen verarmt und vergessen.

Der Erschließung weiterer Quellen zu Beginn des 20. Jahrhunderts verdankt Mergentheim seinen Titel „Bad", den es seit 1926 führt, und seine heutige Bedeutung als Kurort.

Von Bad Mergentheim nach Weikersheim   14,4 km

Weiter in der **Wolfgangstraße** ∼ geradeaus über den Kreisverkehr, dann links in die **Johann-Hammer-Straße** ∼ am Ende des Parkplatzes links in den kleinen Weg und unter den Gleisen hindurch ∼ geradeaus weiter bis zur ersten Querstraße, hier links in die **Mörikestraße** ∼ an der großen Querstraße, der **Unteren Mauerstraße**, links ∼ bei der ersten Möglichkeit gleich wieder rechts in die **Törkelgasse** ∼ am Ende der Gasse rechts in Straße **Gänsmarkt** ∼ vorbei am Kloster zum Marktplatz ∼ links in die

Radler vor Schloss Weikersheim

Burgstraße ∼ dann rechts in die **Kapuzinerstraße** ∼ nun halten Sie sich links und fahren durch den **Schlosspark** ∼ auf dem Radweg gelangen Sie nach Igersheim.

Igersheim

13 Nach dem Bahnhof rechts über die Tauber ∼ gleich darauf links auf einen Radweg an der Sportanlage vorbei ∼ auf der **Scheuerntorstraße** nach Markelsheim ∼ links in die **Tauberbergstraße**.

Markelsheim

Nach der Brücke gleich rechts zwischen Tauber und Bahnlinie nach **Elpersheim** ∼ beim Bahnhof rechts in die **Deutschordensstraße** und wieder über die Tauber ∼ in **Elpersheim** dann links ∼ am Sportplatz vorbei und auf einer Anliegerstraße Richtung Weikersheim ∼ **14** noch vor Weikersheim unter einer Brücke auf die andere Seite der Bahnlinie ∼ vorbei an der Kläranlage ∼ auf den **Taubermühlenweg** ∼ daraufhin in die **Karl-Ludwig-Straße**.

AndersRum (Karte 6): Am Ende des Ortes **Bieberehren** links ab ∼ am Ortsbeginn von **Röttingen** auf die Hauptstraße ∼ am Ortsende diese wieder verlassen ∼ durch **Tauberrettersheim** ∼ etwa 2,5 km nach Ortsende links auf die Hauptstraße und durch **Weikersheim** ∼ der Ausschilderung durch **Weikersheim** folgen ∼ in **Elpersheim** rechts ∼ entlang der Bahngleise nach **Markelsheim** ∼ links über die Brücke ∼ in Markelsheim rechts ∼ in **Igersheim** vor dem Bahnhof über die Tauber und links ∼ weiter nach **Bad Mergentheim**.

Weikersheim

PLZ: 97990; Vorwahl: 07934

- 🄸 **Tourist-Information**, Marktpl. 7, ✆ 10255, www.weikersheim.de
- 🏛 **Tauberländer Dorfmuseum**, Marktplatz, ✆ 1209, ÖZ: April-Okt., Fr-So 13.30-17 Uhr. Die größte Sammlung ländlichen Kulturgutes in Tauberfranken mit Möbel, Trachten und Arbeitsgeräten aus dem 18. und 19. Jh. veranschaulicht die Geschichte des dörflichen Alltags.
- 🏛 **Stadtmuseum Gänsturm**, ÖZ: 1. April-31. Okt., So/Fei 13.30-17 Uhr und nach Vereinbarung. Der im 2. Weltkrieg massiv zerstörte und im Jahr 2003 durch Bürgerinitiative wieder komplett restaurierte Gänsturm beheimatet heute das Stadtmuseum. Bilder, Fotos und diverse Objekte zeichen die Stadt- und Baugeschichte der kleinen Residenzstadt auf.
- 🄳 **Schloss Weikersheim**, ✆ 992950, April-Okt., Mo-So 9-18 Uhr, Nov.-März, Mo-So 10-12 Uhr und 13-17 Uhr. Das Renaissance-Schloss weist eine fast vollständige Innenausstattung aus dem

17./18. Jh. auf. Der Schlosspark ist im barocken Stil von Versailles angelegt.

Weikersheim wurde im Jahre 837 anlässlich seiner Schenkung an das Kloster Fulda als Wichartesheim erstmals erwähnt. Das fränkische Fürstengeschlecht, das 1153 als Herren von Weikersheim in Erscheinung tritt, wurde 1244 als Grafen von Hohenlohe bekannt. Es gelang dieser Familie, ein beinahe geschlossenes Territorium im Gebiet der Tauber aufzubauen, das erst Anfang des 19. Jahrhunderts zerfiel und zwischen Baden-Württemberg und Bayern aufgeteilt wurde.

Weikersheim, der Stammsitz der Grafen von Hohenlohe, erhielt zu Beginn des 14. Jahrhunderts das Stadtrecht und ist heute noch weithin bekannt durch das eindrucksvolle Residenzschloss, mit dessen Bau im 16. Jahrhundert an der Stelle eines ehemaligen mittelalterlichen Wasserschlosses begonnen wurde. Die Fer-

Weikersheim, Gänsturm

tigstellung erfolgte im 18. Jahrhundert. Die Hauptattraktion des Renaissanceschlosses ist der monumentale Rittersaal, der sich mit seiner Höhe von neun Metern über zwei Stockwerke ausdehnt, und von einer riesigen Kassettendecke abgeschlossen wird. Die Jagdszenen malte Balthasar Katzenberger in den Jahren 1600 bis 1601. Besonders sehenswert ist auch der gut erhaltene, französische Barockgarten mit einer Vielzahl von Statuen.

Der kunstvolle, rechteckige Marktplatz ist Mittelpunkt und Ausgangspunkt für alle Sehenswürdigkeiten der Stadt. Im Jahre 1719 begann J. C. Lüttich mit der Erbauung des Platzes, dessen Mittelpunkt ein Rokokobrunnen aus dem Jahre 1768 bildet. Barocke Amtshäuser, die 1419 erbaute, spätgotische Hallenkirche, die evangelische Stadtkirche und das Schloss umgeben den Platz, der die auf das Schloss bezogene Stadtanlage vervollständigen soll.

Die Ausschilderung weist nach der Karl-Ludwig-Straße links in die **Hauptstraße** ᨆ Sie fahren ein Stück auf dem **Marktplatz** und an der Stadtkirche vorbei ᨆ über das **Hl. Wöhr** gelangen Sie wieder zur Hauptstraße.

Von Weikersheim nach Creglingen   18,2 km

Links in die **Hauptstraße** ᨆ wiederum links in die **Goethestraße** ᨆ rechts in die **Friedhofstraße** und geradeaus in die **Schäftersheimer Straße** Richtung Schäftersheim.

AUSFLUG Schon bald zweigt der Planetenweg nach rechts ab, den wir allen an Astronomie Interessierten empfehlen möchten.

Der Planetenweg ist eine „astronomische Kuriosität". Entlang des Planetenweges sind das Sonnensystem mit der Sonne als zentralem Gestirn und die neun Planeten im Maßstab 1:1 Milliarde dargestellt, dabei entspricht ein Meter auf diesem Weg einer Million Kilometer im Sonnensystem. Der Weg führt an der Sternwarte vorbei bis ins sechs Kilometer entfernte Neubronn.

Die Hauptroute führt geradeaus weiter ᨆ **15** erst kurz vor der Tauber rechts ᨆ eine aufgelassene Bahnlinie überqueren ∾ weiter nach Tauberrettersheim und Röttingen ∾ zwischen den Weinbergen, den Obstbäumen und den Feldern leuchtet Ihnen schon von weitem die weiße Kirche von Tauberrettersheim entgegen ∾ durch den Weinort geradeaus ∾ dabei die Steinbrücke mit ihren Brückenheiligen einfach links liegen lassen.

Tauberrettersheim
PLZ: 97285; Vorwahl: 09338

🛈 **Gemeindeamt**, Judenhof 1, ☎ 462

🛉 Pfarrkirche St. Vitus

✳ Historische Tauberbrücke

Das mehr als 900 Jahre alte Tauberrettersheim liegt umgeben von Weinbergen und Wiesen. Die sechsbogige Steinbrücke mit dem Brückenheiligtum Nepomuk ist die schönste Tauberbrücke des ganzen Tales. Sie wurde 1733 vom bekannten Barockbaumeister Balthasar Neumann geschaffen, der auch die Würzburger Residenz baute.

Sie passieren eine Mühle, fahren beim Christuskreuz links und finden sich plötzlich eingezwängt zwischen dem Fels und der Tauber wieder ∾ weiter geht's auf der kleinen asphaltierten Straße linksherum ∾ der Weg führt nach Röttingen, die Stadt der Sonnenuhren ∾ die Straße führt mit einigen Schlenkern bis zum Marktplatz, der Sie mit seinem hübschen barocken Rathaus empfängt.

Röttingen
PLZ: 97285; Vorwahl: 09338

🛈 **Tourist-Information**, Marktpl. 1, ☎ 972855, www.roettingen.de

🛉 **Pfarrkirche St. Kilian**, spätromanischer Bau aus dem 13. Jh.

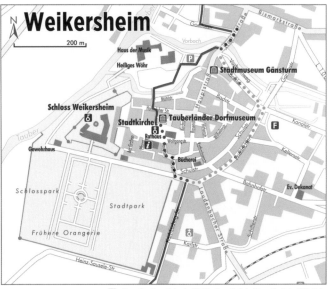

Röttingen, Rathaus

🛉 **Burg Brattenstein.** Im idyllischen Hof der Burg findet alljährlich, von Ende Juni bis Mitte August, das Freilichttheater "FRANKEN-FESTSPIELE Röttingen" statt.

✳ **Rathaus.** Den schönsten Teil des mittelalterlichen Stadtkernes bildet der Marktplatz mit seinem barocken Rathaus (1750) und seinen Fachwerkhäusern.

Röttingen

(Stadtplan mit folgenden Beschriftungen:)

Schneckenturm, Jakobsturm, Stadtmauer, Schweinehirtenturm, Erbseng, Oberg, Rippacher Turm, Am Häng, Kirchg, Pfarrkirche St. Kilian, Rathaus, Hoher Bau, Marktplatz, Burg Brattenstein, Neuer Hundheimer Torturm, Hundheimer Torturm, Paracelsus-Gärtlein, Hauptstraße, Benzelstraße, Bechersgraben, Alter Hundheimer Torturm, Mühlenturm, Untere, Untere, Tauber, Klinger Weg, St. Georgskapelle, Würzburger Straße, Poststr, Gartenstr, Dürrnstensgraben, Rippach, Schultstr., Industriestr., Bahnholstr., 200 m

- ❀ **Stadtmauer.** Die Stadtbefestigung stammt aus dem 13. Jh. Sieben der ursprünglich 14 Türme sind erhalten geblieben.

- ❀ **Sonnenuhrenweg** Ungewöhnliche Zeitmesser auf ca. 2 km Länge rund um den Stadtkern.

- ❀ **Kneipp-Vital-Weg.** Start und Ziel ist in der Poststraße gegenüber dem Seniorenzentrum Taubertal. Kneipp-Rundweg mit Arm-

und Fußbecken, Fußreflexpfad und Station am idyllischen Tauberufer.

- ❀ **Paracelsus-Gärtchen.** Genießen Sie im Gärtchen hinter der Burg Brattenstein die Blütenpracht und die intensiven Düfte von ca. 70 verschiedenen Gewürz- und Heilkräutern.

Die Geschichte von Röttingen geht auf das 5. Jahrhundert zurück. 1114 wird der Ort als fuldisches Lehen im Besitz der Herren von Hohenlohe genannt und im 13. Jahrhundert erstmals als Stadt erwähnt. In dieser Zeit entstand auch die Stadtmauer mit 14 Wehrtürmen, von denen heute noch sieben erhalten sind, sowie die ältesten Teile der Burg Brattenstein. Im Jahre 1345 fiel Röttingen auf-grund von Verschuldung an Würzburg. Nach den Bauernkriegen erlebte Röttingen einen wirtschaftlichen Aufschwung, hauptsächlich bedingt durch den florierenden Weinbau. Heutzutage präsentiert sich das entzückende Städtchen mit einem einheitlich historischen Stadtbild, dessen Mittelpunkt das barocke Rathaus bildet.

Um Röttingen wieder verlassen zu können, müssen Sie kurzzeitig mit der Hauptstraße vorlieb nehmen ~ **16** direkt beim Ortsende der Beschilderung nach rechts wieder in die Tauberauen hinein folgen ~ auf idyllischen Wegen in der Flussaue passieren Sie einige Mühlen und gelangen so, nachdem Sie bei der **Franzenmühle** die Tauber überquert haben, nach Bieberehren.

Bieberehren

Romantische Straße bei Creglingen

Bieberehren

Den Ort auf der Hauptverkehrsstraße durchfahren ～ 700 m nach dem Ortszentrum von Bieberehren, noch vor der Brücke, links von der Hauptstraße auf eine kleine Straße ～ weiter auf einem Bahndamm ～ rechts einbiegen und hinab in Richtung einer kleinen Ansiedlung ～ Sie stoßen wieder auf die Hauptstraße und schwenken hier kurzzeitig rechts nach Klingen hinein.

VARIANTE Sie können auch auf dem unbefestigten Bahndamm weiterfahren. Kurz nach der Tourist-Info in Creglingen kommen Sie wieder zur Hauptroute.

Klingen

Direkt hinter der Brücke den Ort jedoch wieder verlassen ～ **17** scharf links einbiegen ～ auf einem kleinen schmalen Strässchen auf der rechten Talseite dahin.

Bald schon erreichen Sie Creglingen ～ von der **Uhlandstraße** links in die **Kieselallee** ～ bei der Tauberbrücke rechts in die Hauptstraße ～ bei der Apotheke (Fachwerkhaus mit Erker links in die **Kreuzstraße** und auf den Radweg.

Creglingen

PLZ: 97993; Vorwahl: 07933

🛈 **Tourist-Information**, Bad Mergentheimer Str. 14, ℓ 631, www.creglingen.de

🏛 **Fingerhutmuseum**, Kohlesmühle, ℓ 370, ÖZ: April-Okt., Di-So 10-12.30 Uhr und 14-17 Uhr. Das einzige europäische Museum zu diesem Thema dokumentiert mit seiner Ausstellung von Fingerhüten und Nähutensilien aus verschiedenen Epochen und Erdteilen die Geschichte des Fingerhutes und des „Fingerhüterhandwerkes". Schmuckfingerhüte werden produziert.

🏛 **Lindleinturm-Museum**, Lindleinturm, ℓ 631, ÖZ: Ostern-Allerheiligen, Fr 10-12 Uhr, Sa/So 10-12 und 14-17 Uhr. Sonderöffnungszeiten vereinbaren mit Frau Zink unter ℓ 7237 Wohnturm der ehem. Stadtbefestigung mit origineller Einrichtung.

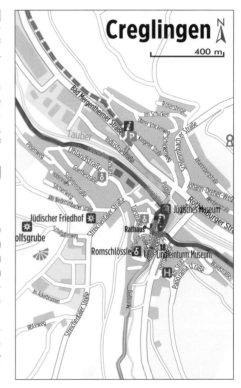

Keltenwallprofil Westwall

🏛 **Jüdisches Museum Creglingen**, Badgasse, ☎ 70113, ÖZ: So 13-17 Uhr. Gezeigt wird die Dauerausstellung „Wurzeln und Wege"

🔶 **Herrgottskirche**, im Herrgottstal, 1 Kilometer südlich von Creglingen, ☎ 338, ÖZ: April-Okt., 9.15-17.30 Uhr. Inmitten der Kirche, die im Stile fränkischer Gotik Ende des 14. Jhs. erbaut wurde, steht der weltbekannte Marien-Altar von Tilman Riemenschneider (entstanden 1505-10).

🔶 **Romschlössle** mit Rosengarten

🔶 **Keltenwall**, Finsterlohr-Burgstall, ☎ 7825, Führungen nach Voranmeldung. Einer der bedeutendsten keltischen Befestigungsanlagen in Mitteleuropa welcher teilweise noch erhalten ist.

Creglingen wurde um das Jahr 500 von den Alemannen gegründet. Der Name des Ortes leitet sich vom Namen des Fürsten Crago ab, was soviel wie „Krähe" bedeutet. Während des Mittelalters gehörte auch Creglingen zum Herrschaftsgebiet der Fürsten von Hohenlohe-Brauneck. Bauern und Weinbauern hatten sich hier angesiedelt, und im Jahre 1349 verlieh Kaiser Karl IV. dem blühenden Ort das Stadtrecht, was den Creglingern endlich, ähnlich wie dem nahen Rothenburg, die Errichtung von Befestigungen erlaubte. Von der Stadtmauer sind jedoch nur Reste erhalten geblieben und die Zahl der Stadttürme ist von zehn auf drei geschrumpft. Die stark befestigte Stadt ging dann durch Heirat und Verkauf Ende des 14. Jahrhunderts an die Markgrafen Brandenburg-Ansbach. Zu dieser Zeit entstand auch die weithin bekannte Herrgottskirche, die insbesonders durch den Marienaltar von Tilman Riemenschneider berühmt geworden ist. Die Kirche steht nicht direkt in Creglingen, sondern in einem Seitental der Tauber,

Ortsbild Creglingen

dem Herrgottstal, einen Kilometer südlich des Ortes.

An diesem Fleck, so erzählt es die Legende, fand ein pflügender Bauer, am Abend des Laurentiustages 1384, auf seinem Acker eine unversehrte Hostie. Die Wallfahrten zu dieser Hostie, der Wundertätigkeit zugeschrieben wurde, setzten bald schon ein, woraufhin die Landherren des Herrgottstals, Konrad und Gottfried von Hohenlohe, eine gotische Kapelle errichten ließen, die den Namen Herrgottskirche erhielt.

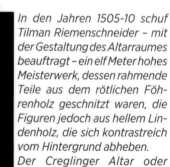

In den Jahren 1505-10 schuf Tilman Riemenschneider – mit der Gestaltung des Altarraumes beauftragt – ein elf Meter hohes Meisterwerk, dessen rahmende Teile aus dem rötlichen Föhrenholz geschnitzt waren, die Figuren jedoch aus hellem Lindenholz, die sich kontrastreich vom Hintergrund abheben. Der Creglinger Altar oder Marienaltar blieb von der Reformation verschont. Man begnügte sich in diesen Zeiten der Schlichtheit damit, im Jahre 1530 die Altartüren des prächtigen Werkes zu schließen, da die Himmelfahrt Marias für die Anhänger des Evangeliums anstößig war. Der Neugierde eines Stadtrates ist es zu verdanken, dass der Altar im Jahre 1832 wiederentdeckt und so der Öffentlichkeit zugänglich gemacht wurde.

Gegenüber der Herrgottskirche entstand 1982 eine ganz andere Sehenswürdigkeit, das Fingerhutmuseum. Schauplatz ist die Kohlesmühle, eine Kornmühle am Herrgottsbach. Hier werden Fingerhüte aus aller Welt gezeigt und die Geschichte des Fingerhutes sowie des Fingerhüterhandwerks dokumentiert. Fast unglaublich, wie lang diese Geschichte schon ist, sie begann schon vor zirka 25.000 Jahren in Form von Steinplatten. Im Jahr 1150 wird der „Vingerhuht" erstmals in Deutschland erwähnt

AndersRum (Karte 7): Über **Tauberscheckenbach** an der **Holdermühle** vorbei und **Archsofen** passieren ⇝ in **Creglingen** rechts in die **Neue Straße** ⇝ links abbiegen, um zur Hauptstraße zu gelangen ⇝ in diese rechts einbiegen ⇝ links in die **Kieselallee** ⇝ rechts in die **Uhlandstraße** und nach **Klingen.** An der Hauptstraße in **Klingen** im spitzen Winkel rechts ⇝ links von dieser ab und auf einen unbefestigten Radweg, der später zu einem befestigten Weg wird ⇝ an der Vorfahrtsstraße links nach **Bieberehren.**

und als Werkzeug in den Klöstern genutzt.

Der Beruf des Fingerhüters wird in Deutschland 1373 zum ersten Mal genannt. Nürnberg entwickelte sich sozusagen zur Fingerhutmetropole. Zu Beginn war dieses Handwerk eine freie Kunst in Nürnberg, aber das änderte sich mit der Entdeckung des Zinks durch Paracelsus. Dadurch konnte Messing erzeugt werden, das sich als äußerst günstiges Material zur Fertigung von Fingerhüten erwies. Es

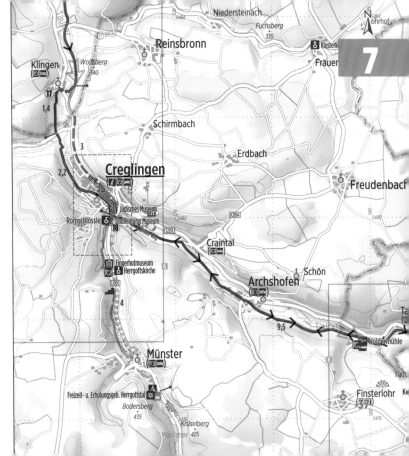

Creglingen, Stadtapotheke

entstand ein eigenes Fingerhüterhandwerk, das ab 1537 in Nürnberg festgehalten werden sollte. Eine Ordnung wurde aufgestellt, die besagte, dass alle Gesellen in Berufen, die mit Messing arbeiteten, nicht wandern durften. Ende des 18. Jahrhunderts war dann der Beruf des Fingerhüters in Nürnberg beinahe ausgestorben und verlagerte sich in andere Gebiete, zum Beispiel nach Österreich.

AUSFLUG Sie können von Creglingen einen Ausflug zur Herrgottskirche, zum Fingerhutmuseum und zum Freizeit- und Erholungsgebiet „Münstersee" in Münster machen.

Ins Herrgottstal   3 km

Sie folgen von Creglingen den Schildern nach Münster und erreichen nach etwa einem Kilometer zwei ganz unterschiedliche Sehenswürdigkeiten der geistlichen wie auch der profanen Welt, die **Herrgottskirche** und das **Fingerhutmuseum**.

VARIANTE Als Alternative zu der doch stark befahrenen Straße nach Münster könnten Sie ca. 200 m nach der Herrgottskirche auf den Weitwanderweg Romantische Straße wechseln. Allerdings heißt es da einige Stufen zu überwinden. Vor Münster geht's noch mal ein Stück bergab ～ durch den Ort hindurch folgen Sie einfach dem Straßenverlauf und kommen an der Kirche vorbei ～ ein Hinweisschild verheißt Ihnen erfrischende Badefreuden im ab der Herrgottskirche 2 km entfernten Freizeit- und Erholungsgebiet **Münstersee**. Wer an diesem schönen Flecken länger verweilen möchte, kann sein Zelt beim Badesee am Campingplatz aufstellen oder sich eine Unterkunft in dem hübschen Ort suchen.

Von Creglingen nach Rothenburg   19,5 km

18 Für die Weiterfahrt nach Rothenburg die Hauptstraße queren, und weiter auf dem **Craintaler Weg** ～ hier verändert sich das Bild ein wenig, das Tal wird wieder enger, die Hänge steiler und der Weg balanciert etwas oberhalb der Tauber am Hang entlang – es erwartet Sie daher nun die ein oder andere Steigung.

An **Craintal** vorbei geht es weiter nach Archshofen.

Archshofen

In ständigem Wechsel zwischen Höhenflug und Talfahrten passieren Sie die Holdermühle.

Creglingen, Lindleinturm

Detwang

Die Holdermühle ist ein Gasthaus, durch dessen Schankstube die Landesgrenze zwischen Bayern und Baden Württemberg verläuft. Dieser Tatsache entsprechend sind die Tische – gemäß den Landesfarben – mit weiß-blauen und gelb-schwarzen Tischdecken eingedeckt.

AndersRum (Karte 8): In **Rothenburg** durch das **Spitaltor** in die Altstadt und diese durch das Klingentor wieder verlassen ～ es geht steil bergab ～ rechts über eine Brücke ～ beim **Felsenkeller** rechts ～ auf dem Radweg neben der Hauptstraße nach **Detwang** ～ im Ort bei der Kirche rechts ～ weiter durch **Bettwar** und nach **Tauberscheckenbach**.

Weiter geht's in ständigem Auf und Ab, bis Sie dann kurz vor **Tauberscheckenbach** wieder ebenen Talboden unter den Rädern haben ～ **19** kurz vor Bettwar die Tauber überqueren.

Bettwar
Am Ortsende aufs andere Tauberufer wechseln ～ vor Detwang noch einmal auf das andere Ufer und nach Detwang hinein.

Detwang
PLZ: 91541; Vorwahl: 09861

- 🛈 **Rothenburg Tourismus Service**, Marktpl. 1, ☎ 404800, www.rothenburg.de
- 🏛 **Evang. Pfarrkirche St. Peter und Paul**. Die romanische Kirche wurde im 10. Jh. erbaut und

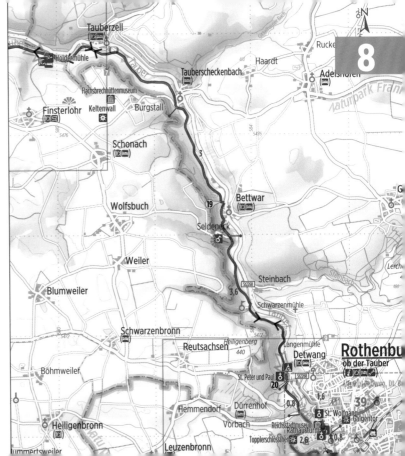

beherbergt den Heilig-Kreuz-Altar von Riemenschneider.

Detwang ist das ältere Siedlungsgebiet von Rothenburg. Hier steht eine der ältesten Kirchen Frankens. Die Pfarrkirche St. Peter und Paul wurde schon 968 geweiht und ist die Mutterkirche Rothenburgs. Auch hier hat sich Tilman Riemenschneider durch ein Kunstwerk aus Holz verewigt (1508). Ursprünglich für die Michaelskapelle in Rothenburg geschaffen, wurde der Heilig-Kreuz-Altar 1653 nach Detwang übertragen – allerdings war er für den Chor des kleinen Kirchleins zu breit und musste daher verkleinert werden.

Bei der Kirche links ~ **20** an einem Gasthof vorbei und rechts über die Tauber.

VARIANTE Wer sich für die Stadtdurchfahrt entscheidet, muss hier links hinauf fahren und dem kleinen Fahrweg parallel zur Hauptstra-

Rothenburg – Klingentor

ße, teilweise verkehrs- und steigungsreich, folgen. Am südlichen Ende von Rothenburg fahren Sie durch das Spitaltor und treffen wieder auf die Hauptroute.

Für die Hauptroute folgen Sie dem Taubertalweg durch das idyllische Tal der Tauber ~ entlang des Flusses weiter zum Topplerschlößchen ~ die Tauber auf der Doppelbrücke queren und gleich danach links Richtung Spitaltor ~ vor Ihnen liegt nun die wunderschöne Altstadt von Rothenburg ob der Tauber.

Rothenburg ob der Tauber
PLZ: 91541; Vorwahl: 09861

🛈 **Rothenburg Tourismus Service,** Marktpl. 1, ☎ 404800, www.rothenburg.de

🏛 **Alt-Rothenburger Handwerkerhaus,** Alter Stadtgraben 26, ☎ 94890, ÖZ: Ostern-Okt., Mo-Fr 11-17 Uhr, Sa-So 10-17 Uhr, Dez. 14-16 Uhr. Das Wohn- und Arbeitsmilieu einfacher Handwerker wird gezeigt.

🏛 **Historiengewölbe, Rathaus,** ☎ 86751, ÖZ: März 12-16 Uhr, April 10-16 Uhr, Mai-Okt. 9.30-17.30 Uhr, Nov., Mo-Fr 13-16 Uhr, Sa, So 10-16 Uhr, Dez., Mo-Fr 13-16 Uhr, Sa, So 10-19 Uhr. Ausstellung: Der Dreißigjährige Krieg 1618-1648.

🏛 **Mittelalterliches Kriminalmuseum,** Burgg. 3-5, ☎ 5359, ÖZ: April: tägl. 11-17 Uhr, Mai-Okt., tägl. 10-18 Uhr, Nov., Jan., Feb. 14-16 Uhr, Dez., März 13-16 Uhr. Rechtswesen seit dem Mittelalter, Rechtsbücher, Urkunden, Hinrichtungs- und Folterwerkzeuge.

🏛 **Reichsstadtmuseum,** Klosterhof 5, ☎ 939043, ÖZ: April-Okt. 9.30-17.30 Uhr, Nov.-März 13-16 Uhr. Geschichte, Kunst und Kultur Rothenburgs.

Deutsches Weihnachtsmuseum, Herrng. 1, ☎ 409365, ÖZ: Mitte Jan.-Ostern, Sa, So 11-16 Uhr. Ostern-Dez. 11-17 Uhr. Weihnachtsschmuck aus verschiedenen Epochen, historische Nussknacker und Weihnachtsmänner der Jahrhundertwende.

St.-Jakobs-Kirche, Klosterg. 15, § 700620, ÖZ: April-Okt. 9-17 Uhr, Nov. u. Jan.-März 10-12 Uhr und 14-16 Uhr, Dez. 10-16.45 Uhr. Kirche aus dem 14./15. Jh. mit dem berühmten Heilig-Blut-Altar von Tilman Riemenschneider aus dem 16. Jh.

St.-Wolfgangs-Kirche, ÖZ Kirche u. Museum: April-Okt.. Mi-Mo 11-13 Uhr u. 14-17 Uhr. In die Stadtbefestigung eingegliederte Wehrkirche aus dem 15. Jh. mit drei sehenswerten Altären und **Schäfertanzmuseum** im Torhaus.

Rödertor, Torturm mit Zoll- und Torwächterhäuschen aus dem 14. Jh.

Rathausturm, Marktplatz, ☎ 404177, ÖZ: April-Okt. 9.30-12.30 Uhr und 13-17 Uhr, Nov., Jan.-März Sa-So 12-15 Uhr, Dez. 10.30-14 Uhr und 14.30-18 Uhr. Einer der schönsten Renaissancebauten Süddeutschlands, 1572-78 in heutiger Form errichtet. Über 220 Stufen erreichen Sie den höchsten Aussichtsturm der Stadt.

Stadtmauer mit Wehrgang. Die 1350-80 erbaute Stadtmauer rund um Rothenburg ist begehbar, wobei Sie 12 Türme und einige Toranlagen passieren.

Rad und Tat, Bensenstr. 17, ☎ 87984, mit E-Bike-Verleih

Fahrradhaus Krauß, Ansbacher Str. 85, ☎ 3495, mit E-Bike-Verleih

Hotel Schranne, Schrannenplatz 6, ☎ 95500, mit E-Bike-Verleih

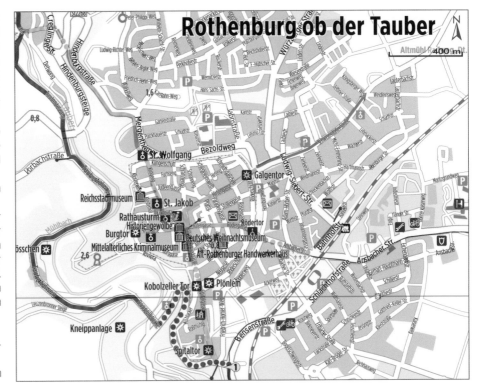

Rothenburg ob der Tauber

Auf einem Hochplateau erhebt sich die mittel-fränkische Stadt Rothenburg ob der Tauber, umschlungen von wehrhaften Mauern, dort wo Romantische Straße und Burgenstraße sich kreuzen. Als Sinnbild des Mittelalters in Deutschland hat Rothenburg sein einzigartiges historisches Stadtbild bewahrt und wurde nach den Zerstörungen des Krieges gekonnt wieder aufgebaut.

Die Stadtmauer mit ihren Wehrgängen und mächtigen Basteien zeugt von einer langen und bewegten Vergangenheit. Im 10. Jahrhundert entstand die fränkische Grafenburg oberhalb des Taubertals. Die danach von den Staufern im Jahre 1142 errichtete Kaiserburg wurde in der Folge zur Keimzelle der Stadt. Der Aufschwung begann mit der Erhebung zur Freien Reichsstadt im Jahre 1274 durch König Rudolf I. In den nächsten 100 Jahren entstand ein Handelszentrum ersten Ranges, das um 1400 unter dem Bürgermeister Toppler seinen Höhepunkt erreichte. Sein gewaltsamer Tod ließ den Ruhm der Stadt in der Folgezeit verblassen.

1525 verbündete sich die Stadt mit dem Bauernführer Florian Geyer, womit Rothenburg

Rothenburg – Röderbrunnen mit Markusturm und Röderbogen

jedoch eine furchtbare Niederlage gegen das fürstliche Heer der Ansbacher Markgrafen erlebte. Etwas später schloss sich die Stadt 1544 der Reformation an. Während des Dreißigjährigen Krieges gelang es nach mehreren Versuchen der katholischen Liga, unter Feldherr Graf von Tilly, 1631 die Stadt zu erobern. Der Legende nach wollte Tilly die Anführer des Widerstandes hinrichten lassen. Beim Willkommenstrunk hatte er den Einfall, Gnade walten zu lassen, wenn es jemandem gelänge 13 Schoppen Wein (3,25 Liter) in einem Zug zu leeren. Altbürgermeister Nusch wagte erfolgreich diesen Meistertrunk.

Nach den Wehen des Krieges verlor Rothenburg seine Macht. Mit der unter großen Besitzverlusten erfolgten Einverleibung ins Königreich Bayern gab es 1802 auch noch seine Reichsfreiheit ab. Erst im Zeitalter der Romantik erweckten Maler und Poeten das vergessene Städtchen aus seinem Dornröschenschlaf. Künstler wie Ludwig Richter und Carl Spitzweg verewigten seine romantischen Winkel in ihren Bildern. Der mittelalterliche Charakter ist heute, dank des Eingreifens des stellvertretenden Staatssekretärs Mc Cloy, der eine Vernichtung am Ende des Zweiten Weltkrieges verhinderte, das kostbarste Kapital Rothenburgs

Von Rothenburg nach Donauwörth

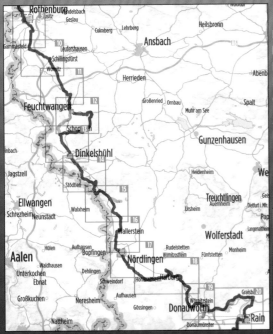

In Rothenburg beginnt der zweite Abschnitt Ihrer Radreise. Auf diesem Teilstück stellen sich die unterschiedlichsten Landschaften vor: das hügelige Keuperbergland der Frankenhöhe, das Tal der Wörnitz mit seinen saftig-grünen Wiesen, der kreisrunde Krater des Nördlinger Rieses und zu guter Letzt das Donautal bei Donauwörth. Burgen, Klöster und historische Städtchen begleiten dabei Ihren Weg.

Auch die Beschaffenheit der Route ist ab Rothenburg sehr unterschiedlich. Ging es bisher im Taubertal dahin, so heißt es nun, in beständigem Auf und Ab die Hügel der Frankenhöhe zu überwinden, für die Anstrengung wird man mit herrlichen Ausblicken und rasanten Talfahrten belohnt. Dem Lauf der Wörnitz folgen Sie auf fast verkehrsfreien Landstraßen bis ins Donautal. Der Weg dorthin geht durch das Nördlinger Ries, eine flache Kraterlandschaft.

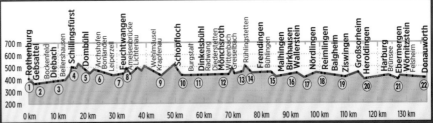

Von Rothenburg nach Schillingsfürst 15,2 km

1 Sie radeln durch das Spitaltor wieder aus der Stadt hinaus und einfach geradeaus auf den Radweg parallel zur Bundesstraße ～ nach 700 m wechselt der Weg mittels einer Brücke auf die andere Seite der Bundesstraße ～ dort, wo sich die Brücke wieder hinabsenkt, geradeaus in die **St. Leonhard-Straße** hinein ～ die Kirche umrunden ～ rechts halten ～ anschließend links auf den Radweg entlang der Straße nach Gebsattel.

Gebsattel

Die Frankenhöhe ist der südlichste Teil des fränkischen Keuperberglandes, das sich nach Norden bis zum Steigerwald und den Haßbergen hinzieht. Auf Ihrem Weg von Würzburg haben Sie die Stufen des Buntsandsteines und des Muschelkalks durchquert. Und gleich hinter Rothenburg beginnt nun die Schicht des Keupers, die sich aus einer Wechselfolge von Tonen, Sandsteinen und Mergeln zusammensetzt, ein recht buntes Gemisch von Steinen. Der Name Keuper wird heute auf drei verschiedene Arten erklärt: einmal kann er, aufgrund der Buntheit der Gesteine,

nach dem bedruckten Kleiderstoff „Köper" benannt sein. Wegen der Töpfertone kann der Begriff nach dem alten Wort für Ton „Küpper" benannt sein oder aber nach dem landläufigen Ausdruck für Abraum „Kipper". In diesem Keuperbergland entspringt jener Fluss, dem Sie bis hierher gefolgt sind – die Tauber.

Durch den Ort hindurch ～ auf Höhe der Kirche „Andachtsstätte Unserer Lieben Frau" rechts in die **Weißengasse** ～ an der T-Kreuzung links in die **Kirchdorfstraße** ～ am Ortsende gelangen Sie zu einer Kreuzung und **2** folgen kurz vor dem Friedhof der größeren Straße nach links aus Gebsattel hinaus.

Weiter in Richtung Diebach ～ in Höhe der Ortschaft **Bockenfeld**, die sich linker Hand befindet, geht die Strecke in einen unbefestigten Radweg über ～ das letzte Stück vor Diebach ist wieder befestigt.

Diebach

Auf der Ortsdurchfahrtsstraße durch Diebach ～ an der Kreuzung links Richtung Bellershausen ～ Sie verlassen Diebach ～ **3** die Autobahn unterqueren ～ nun kommen Sie nach Bellershausen.

Bellershausen

Der Vorfahrtsstraße folgen ～ links in die **Schillingsfürster Straße** ～ die Ortschaft verlassen ～ Sie kommen nach Schillingsfürst auf der **Rothenburger Straße** ～ an der Vorfahrtsstraße rechts in die **Frankenheimer Straße**.

TIPP Falls Sie zum Schloss wollen und den wundervollen Panoramablick über den Naturpark Frankenhöhe genießen möchten, verlassen Sie bei der Kirche am Marktplatz die Hauptstraße. Die Mühe des Aufstiegs lohnt sich allemal.

Schillingsfürst

Vorwahl: 09868; PLZ: 91583

- **Stadt Schillingsfürst**, Anton-Roth-Weg 9, ✆ 800, www.schillingsfuerst.de
- **Info-Center**, Rothenburger Str. 2, ✆ 222
- **Schlossmuseum**, Schloss Schillingsfürst, ✆ 201, ÖZ: März-Okt., 10-18 Uhr, Führungen: März-Okt., 12, 14, 16 Uhr. Prachtvolle Barockanlage aus dem 18. Jh. mit sehenswerten Innenräumen.
- **Falkereimuseum**, im Schloss. Thema: Falknergeschichte und alle europäischen Greifvogelarten: Adler, Falken, Milane und Geier.

AndersRum (Karte 9): In **Diebach** an der Kreuzung rechts ⌁ am Ortsbeginn von **Gebsattel** rechts ⌁ links in die **Rothenburger Straße** ⌁ rechts in einen schmalen Pfad, der später zum **Bahnhofweg** wird ⌁ an der Vorfahrtsstraße links ⌁ auf dem Radweg nach **Rothenburg**.

Flugvorführungen: März-Okt., Mo-So 11 und 15 Uhr

- **Brunnenhausmuseum**, ÖZ: April-Okt., Di-Fr 9.30-12 Uhr und 14.30-17 Uhr, Sa, So 13-18 Uhr. Thema: Ochsentretscheiben-Pumpwerk mit Heimatmuseum
- **Ludwig-Doerfler-Galerie**, ÖZ: April-Okt., Di-So 10-13 Uhr und 14-17 Uhr. Thema: Bildersammlung des einheimischen Malers mit gelegentlichen Wanderausstellungen verschiedener Künstler
- ✷ **Bayerischer Jagdfalkenhof**, Flugvorführungen: März-Okt., 10:30 und 15 Uhr. Thema: Europas Greifvogelarten

Der Felssporn, von dem aus das Schloss Schillingsfürst ein Seitental

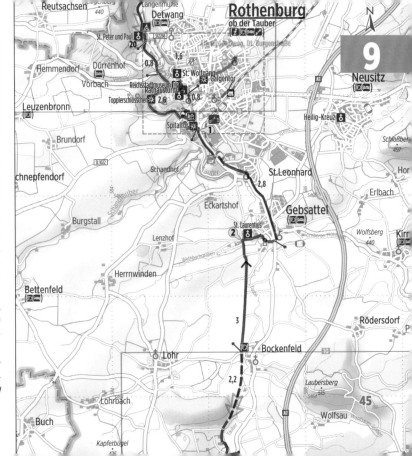

9

45

Schillingsfürst

der Tauber beherrscht, wurde frühzeitig besiedelt und hat schon drei anderen Burgen Schutz und Macht gewährt. Schillingsfürst wurde im Jahre 1000 erstmals in einer Schenkungsurkunde Otto III. erwähnt, die damals an das Hochstift Würzburg ging. 300 Jahre später gelangte sie in den Besitz derer von Hohenlohe, 1316 wurde sie von Ludwig dem Bayer zerstört.

In den nächsten zwei Jahrhunderten war das Schicksal der Burg nicht sonderlich hold, gleich zweimal ist sie zerstört worden, im Bauernkrieg und im Dreißigjährigen Krieg. Der vierte Wiederaufbau erfolgte in den Jahren 1723-1750 und das neue Schloss Schillingsfürst entstand in seiner heutigen Ausprägung. Der

Architekt Louis Remy de la Fosse errichtete ein Bauwerk, das von der Ferne einer Festung gleicht, dessen Vorderfront jedoch mit barockem Anmut erfreut und zu den prachtvollsten Barockanlagen Süddeutschlands zählt.

Die Linie Hohenlohe-Schillingsfürst residierte und regierte seitdem von diesem Schloss aus. Bekanntester Vertreter dieses Geschlechts war Fürst Chlodwig, der Ende des 19. Jahrhunderts, 1894, von Kaiser Wilhelm II. zum Reichskanzler und zum preußischen Ministerpräsidenten ernannt wurde. Aber auch schon vorher war er weitgehend an der Gestaltung der deutschen Politik beteiligt, zuerst als bayerischer Ministerpräsident und Verfechter der preußisch-kleindeutschen Lösung, als Gesandter in Paris und als Statthalter in Elsaß-Lothringen. Das schlichte Arbeitszimmer dieses geschichtsträchtigen Mannes können Sie heute noch besuchen.

Von Schillingsfürst nach Feuchtwangen   16,5 km

Um die Tour von Schillingsfürst aus fortzusetzen, zweigen Sie noch innerhalb des Siedlungsgebietes **4** links auf die **Dombühler Straße** Richtung Dombühl ab ~ an der Vor-

fahrtsstraße geradeaus ~ Sie kommen nach **Fischhaus**, der Campingplatz mit Badesee, in waldigem Gebiet gelegen, bietet Ihnen Erfrischung in verschiedenster Form.

Auf Ihrer Weiterreise durch- und überqueren Sie diese waldige Kuppe. Vor Ihren Augen eröffnet sich ein wunderbarer Weitblick auf das Keuperland.

Dombühl

Auf dem Marktplatz steht das in Rosa gehaltene Rathaus, es wurde 1849 eigentlich als Spritzenhaus errichtet.

Sie durchfahren die Ortschaft auf der **Breslauer Straße** ~ kurz vor dem Ortsende **5** links in die Straße **Am Markt** ~ Sie folgen dem Asphaltband ~ an der Vorfahrtsstraße rechts ~ zweimal eine Bahnlinie queren ~ weiter auf der Straße nach Archshofen dabei einmal die Autobahn unterqueren.

Archshofen

In Archshofen an der Kreuzung rechts ~ **6** links Richtung Friedhof ~ der unbefestigte Weg führt Sie zu Gleisen, neben denen Sie rechts weiterfahren~ links unter den Gleisen hindurch, um nach **Bonlanden** zu gelangen ~ in **Oberdallersbach** rechts halten Richtung

10

AndersRum (Karte 10): In Dombühl in die Straße **Am Markt** ~ rechts in die **Breslauer Straße** und auf dieser aus dem Ort hinaus ~ vorbei an **Fischhaus** in **Schillingsfürst** an der Vorfahrtsstraße rechts ~ links in die **Rothenburger Straße** ~ weiter durch **Bellershausen** ~ die **A 7** unterqueren und nach Diebach..

Leiperzell ~ in **Leiperzell** nach dem Ortsbeginn links ~ dann gleich wieder rechts ~ weiter nach **Poppenweiler** und auf die Bundesstraße zu ~ auf einem Radweg rechts der Bundesstraße ~ **7** unter der B 25 hindurch ~ es geht bergab ~ auf einem Radweg entlang der Sulzach nach Feuchtwangen ~ nach einem Linksbogen an der Weggabelung links halten ~ in Kurven durch die Parkanlage ~

Feuchtwangen

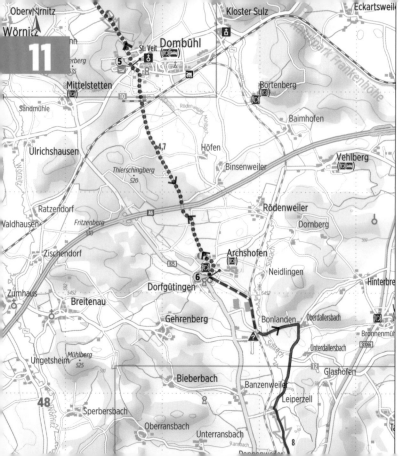

AndersRum (Karte 11): In **Oberdallersbach** links ⬿ nach dem Ort **Bonlanden** rechts ⬿ entlang der Gleise ⬿ links weg nach **Archshofen** ⬿ in der Ortschaft rechts und gegen Ende dann links ⬿ zuerst die **A 6**, darauf zweimal Bahngleise unterqueren und nach **Dombühl**.

rechts über eine Brücke. ⬿ vor der zweiten Brücke wieder links ⬿ Sie kommen zur Hauptstraße, links bringt Sie die **Untere Torstraße** zum Marktplatz.

VARIANTE Wenn Sie hier rechts abbiegen, an der B 25 wieder rechts und dann links, können Sie der Bahnlinie bis nach Kaltenbronn folgen. Dann rechts Richtung Larrieden abbiegen. Diese Alternativstrecke ist rund 10 km kürzer als die Hauptroute.

Feuchtwangen

Vorwahl: 09852; PLZ: 91555

- 🛈 **Touristinformation**, Marktpl. 1, ☎ 90455, www.feuchtwangen.de
- 🏛 **Fränkisches Museum**, Museumstr. 19, ☎ 2575, ÖZ: März, April, Okt.-Dez., Mi-So 14-17 Uhr, Mai-Sept., Mi-So 11-17 Uhr, Gruppen: n. V. Thema: Regionalmuseum, Kunst und Kultur Frankens
- 🏛 **Sängermuseum**, Am Spittel 4-6, ☎ 4833, ÖZ: März-Okt., Mi-So 10-12 Uhr und 14-17 Uhr. Thema: Chormuseum, Geschichte des Chorwesens, überregionale Verflechtungen der Musikkultur.
- 🛐 **Stiftkirche**, ehemalige Klosterkirche mit romanischen Bauresten und gotischen Stilelementen
- 🎭 **Kreuzgang-Festpiele**, jeden Sommer, Freilicht-Theater-Spiele im romanischen Kreuzgang der Stiftskirche

Das historische Städtchen Feuchtwangen wurde laut einer Sage im 8. Jahrhundert von Karl dem Großen in Form eines Benediktinerklosters gegründet. Das Kloster wird jedoch erst im Jahre 817 urkundlich erwähnt. Der Ort entwickelte sich um das Jahr 1000 an den sich kreuzenden Handelsstraßen Würzburg-Augsburg und Schwäbisch Hall-Nürnberg. 1241 wurde der blühende Handelsort zur freien

AndersRum (Karte 12): Auf der **Bahnhofs-** und **Friedrichstraße** durch **Schopfloch** ∿ nach der B 25 schräg links in den Frickinger Wald ∿ in **Sulzach** links in den **Raitersbergweg** Richtung Krapfenau ∿ rechts auf die Vorfahrtsstraße und links nach **Wehlmäusel** ∿ über **Lotterhof** bis **Thürnhofen** ∿ in einer Linkskurve durch den Ort ∿ über **Lichtenau** nach **Feuchtwangen** ∿ nach dem **Fischerweg** rechts in den **Oberen Kellerweg** ∿ über den **Glaserweg** und die **Spitalstraße** zum **Marktplatz** ∿ links in die **Untere Torstraße** ∿ die Ringstraße überqueren und rechts ∿ durch die Parkanlage ∿ ein kurzes Stück auf dem Radweg entlang der Bundesstraße ∿ dann links nach **Leiperzell** ∿ am Ortsende rechts ∿ und weiter nach Oberdallersbach.

Reichsstadt erhoben, ein Recht, das sich die Stadt nur gut 100 Jahre lang erhalten konnte, bevor sie die Reichsfreiheit, durch Verpfändung an die Nürnberger Reichsgrafen, verlor.

Bis 1806 war Feuchtwangen dann Teil der Markgrafschaft Ansbach und wurde danach dem Königreich Bayern zugesprochen. Auch heute noch bildet den Mittelpunkt des Städtchens das geschlossene Bild des mittelalterlichen Marktplatzes, der wegen seines Charakters von dem Kunsthistoriker Dehio sogar als „Festsaal Frankens" bezeichnet wird. Reiche Bürgerhäu-

49

Feuchtwangen

Feuchtwangen, Marktplatz

In einer Rechtskurve über den **Marktplatz** in die **Museumstraße** ∼ rechts in die Ringstraße, am Ende links ∼ im Kreuzungsbereich rechts in den schmalen **Glaserweg** ∼ rechts in die Straße **St.-Ullrichsberg** ∼ kurz danach links in den **Oberen Keller-weg** ∼ dem leicht kurvigen Verlauf bis zum **Fischerweg** folgen ∼ hier links einbiegen ∼ in einer Linkskurve vorüber an einem Parkplatz ∼ **8** geradeaus über die Vorfahrtsstraße ∼ auf dem **Weg zur Ameisenbrücke** Feuchtwangen verlassen ∼ vorbei an der Siedlung **Ameisenbrücke** ∼ über eine kleine Brücke ∼ nach der Linkskurve an der T-Kreuzung rechts ∼ die 4er-Kreuzung geradeaus queren ∼ in **Lichtenau** der Rechtskurve folgen ∼ an der T-Kreuzung links ∼ an der Vorfahrtsstraße auf dem straßenbegleitenden Radweg rechts Richtung Thürnhofen.

Thürnhofen

Der Rechtskurve in Thürnhofen folgen ∼ am Ortsende rechts Richtung **Dentlein am Forst** ∼ ⚠ nach rund 500 m rechts in den Dentleiner Forst ∼ nach der starken Linkskurve geradeaus über die Kreuzung ∼ kurz danach schräg rechts dem Weg folgen ∼ an der 4er-Kreuzung links halten ∼ an der Straße links und gleich danach rechts Richtung Wehlmäusel und **Oberlottermühle** und **Lotterhof** ∼ geradeaus weiter bis Wehlmäusel.

Wehlmäusel

Im Ort der Rechtskurve folgen ∼ geradeaus weiter Richtung Krapfenau ∼ an der Vor-

ser und altfränkische Fachwerkhäuser umschließen den Platz, dessen Mitte von einem barocken Kunstwerk aus dem 18. Jahrhundert, dem Röhrenbrunnen, geschmückt ist.

AndersRum (Karte 13): Dinkelsbühl auf der Nördlinger Straße und der Dr.-Martin-Luther-Straße durchfahren ⌁ auf dem Radweg unter einer Straße hindurch ⌁ an der Gabelung rechts halten ⌁ bei der Pulvermühle rechts halten ⌁ an der Kreuzung rechts Richtung Schopfloch.

fahrtsstraße rechts ⌁ direkt vor Krapfenau links ⌁ **9** nach der Brücke wiederum links Richtung Sulzach ⌁ an der T-Kreuzung links ⌁ in **Sulzach** an der ersten Möglichkeit rechts in den Weg **Birkenfeld** ⌁ auf diesem Weg verlassen Sie Sulzach ⌁ für rund 3,5 km geht es nun geradeaus durch den **Frickinger Wald** ⌁ kurz vor dem nächsten Ort, Schopfloch, vorbei an einem Wasserturm ⌁ an der T-Kreuzung vor der B 25 links und gleich danach rechts ⌁ mittels einer Brücke über die Bundesstraße ⌁ auf der **Friedrichstraße** in den Ort hinein.

Schopfloch

Geradeaus weiter in der **Bahnhofstraße** ⌁ unter der Bahn hindurch ⌁ über eine Brücke ⌁ **10** an der 4er-Kreuzung links Richtung Dinkelsbühl ⌁ bei der **Pulvermühle** links halten ⌁ im Prinzip radeln Sie jedoch immer unten im Tal dahin ⌁ **11** kurz bevor Sie Dinkelsbühl erreichen, auf dem Radweg eine größere Straße unterqueren ⌁ und dann wird's so richtig romantisch, wenn Sie am Rothenburger Weiher vorbei durch das Tor nach Dinkelsbühl hineinradeln.

Dinkelsbühl

Vorwahl: 09851; PLZ: 91550

🅸 **Touristik Service Dinkelsbühl**, Altrathauspl. 14, ☏ 902440, www.dinkelsbuehl.de

🏛 **Haus der Geschichte Dinkelsbühl - von Krieg und Frieden**, Altrathausplatz, ☏ 902440, ÖZ: Mai-Okt. Mo-Fr 9-18 Uhr, Sa, So/Fei 10-17 Uhr. Thema: Aufstieg und Niedergang der Reichsstadt sowie deren Wiederentdeckung als Künstlerort (Gemäldegalerie). Zeitgemäße Präsentation für alle, besonders für Kinder.

🏛 **Museum Kinderzech-Zeughaus**, Bauhofstr. 43, Mai-Sept. 14-16.30 Uhr, ☏ 5549477. Kostüme, Waffen, Schuhe und Requisiten des historischen Festspiels „Die Kinderzeche" werden zur Schau gestellt.

🏛 **Museum 3. Dimension**, Stadtmühle/Nördlinger Tor, ☏ 6336, ÖZ: Jan.-März Sa,So 11-17 Uhr, 1. April-30. Juni tägl. 11-17 Uhr, Juli, Aug. tägl. 10-18 Uhr, Sept.-3. Nov. tägl. 11-17 Uhr. Nov., Dez. Sa, So 11-17 Uhr. Thema: Erstes Museum der Welt zum Thema 3-D, Museum zum Anfassen und zum Staunen.

🅱 **Münster St. Georg**, Turmbesichtigung Mai-Okt., Fr-So u. Fei 14-17 Uhr (nur bei schönem Wetter)

✳ **Rothenburger Tor**

Die bayrische Stadt Dinkelsbühl konnte ihr mittelalterliches Stadtbild in seinem ganzen Reiz erhalten, da sie von Kriegen nahezu unversehrt blieb. Harmonisch vereint sich in diesen historischen Mauern städtische und bäuerliche Kultur, reiche Fachwerkarchitektur wechselt mit den einfacheren Häusern der Handwerker. Weiher, Wall und Graben, Obst- und Gemüsegärten säumen den Stadtkern. Eine Statue des Dinkelbauern im Stadtpark erinnert an den sagenhaften Gründer der Stadt. Auch das Stadtwappen zeigt drei goldene Dinkelähren auf silbernem Dreiberg – ein Verweis darauf, wie hoch geschätzt der anspruchslose Dinkel einst auch hier war.

Stiftskirche mit Kreuzgang

Aus dem Jahr 1188 stammt die erste urkundliche Erwähnung des „burgus tinkelsbpuhel", das im Verlauf des 13. und 14. Jahrhunderts zur Reichsstadt wurde. Zwei wichtige Fernhandelswege, jener von Frankfurt nach Italien und jener von Worms über Nürnberg nach Regensburg kreuzten sich hier und forcierten das wirtschaftliche Wachstum des Ortes. Davon künden heute noch stattliche öffentliche Bauten wie das Alte Rathaus, die Ratstrinkstube und die Schranne am Weinmarkt. Alles überragendes Zeugnis von Gottesfurcht und Bürgerstolz ist jedoch das gotische Münster St. Georg, eine der schönsten Hallenkirche Süddeutschlands.

Im Mittelalter speiste sich die Wirtschaftskraft der Stadt aus einem florierenden Handwerk. Vor allem Schmiede und Wolltuchmacher sorgten mit ihren Exportgütern Sicheln und Sensen sowie dem grauen Dinkelsbühler Tuch für Wohlstand. Rohwolle kam hauptsächlich von den städtischen Schafhöfen, Eisen aus dem nahen Wasseralfingen. Aus den Weihern, die noch heute in schillernder Kette die Stadt umgeben kommt der Din-

Dinkelsbühl, Altstadt

kelsbühler Karpfen und deckte den Tisch des reichen Ratsherrn wie des einfachen Bürgers.

Im Dreißigjährigen Krieg blieb Dinkelsbühl vor Plünderung und Brandschatzing durch die Schweden verschont. Der Überlieferung nach war es ein mutiges Mädchen, die Türmerstochter Lore, das zusammen mit den Kindern der Stadt den anrückenden Schweden entgegen zog und so den Feind milde stimmte.

Daran erinnert noch heute jedes Jahr Mitte Juli ein farbenprächtiges historisches Festspiel, die Kinderzeche, das die gesamte Stadt auf die Beine bringt.

Auch außerhalb der Kinderzech´-Woche locken zahlreiche große und kleine Veranstaltungen in die ehemalige Reichsstadt an der Romantischen Straße. Darunter die Sommerfestspiele des Landestheater Dinkelsbühl, die Fisch-Erntewoche im Herbst oder der Weihnachtsmarkt im idyllischen Spitalhof.

Von Dinkelsbühl nach Maihingen 26,5 km

Auf der **Nördlinger Straße** und durch das Nördlinger Tor die Stadt verlassen ~ hinter Dinkelsbühl auf der **Mönchsrother Straße** und auf dem Radweg ab der Kläranlage Dinkelsbühl weiter nach Mönchsroth ~ vorher passieren Sie aber noch, nachdem der Radweg auf die rechte Seite der Straße gewechselt hat, **Diederstetten** ~ Sie rollen nach Mönchsroth hinunter

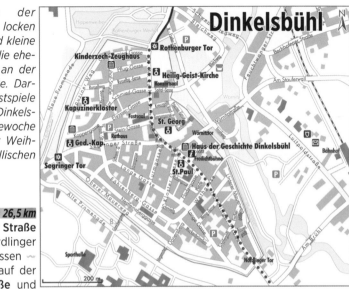

~ links Richtung Wilburgstetten und Wassertrüdingen.

Mönchsroth

Am Ortsende folgen Sie nicht der Hauptstraße, sondern **12** schwenken rechts in die Straße nach Wittenbach ein.

Direkt nachdem Sie abgebogen sind, zweigt rechts ein Weg zum römischen Limes ab, ein nachgebauter Wehrturm informiert Sie über Wehranlagen, die die Römer zum Schutze ihrer Grenze errichteten.

Weiter nach **Wittenbach** ~ durch den Ort entlang der Hauptstraße, erst am Ortsende rechts ~ die asphaltierte Straße verlassen und gegen einen wundervoll schattenspendenden Nadelwald eintauschen ~ der recht gut befahrbare Waldweg und die Beschilderung weisen den Weg aus dem dunklen Wald hinaus ~ weiter auf die Bahnlinie und auf den Ort Greiselbach zu ~ vor den Gleisen rechts und parallel dazu weiter.

Nach rund 1 km entfernen Sie sich wieder von der Eisenbahn, und zwar dort, wo es links unter der Bahn hindurchgeht ~ am Waldrand entlang ~ Sie entfernen sich nach knapp einem Kilometer wieder vom Wald und den Teichen und befinden sich nun auf freier Flur ~ **13** an der darauffolgenden Kreuzung links ~ beim nächsten Teich rechts wieder auf Asphalt ~ Tisch und Bänke laden hier zu einer Rast ein, bevor Sie den kleinen Hügel erklimmen, der Ihnen die Sicht auf Rühlings-

Altstadt Dinkelsbühl

tetten verwehrt ~ in Rühlingstetten an der Querstraße links und durch die Ortschaft hindurch.

Rühlingstetten

Bergab aus Rühlingstetten hinaus ~ auf dem Radweg bis zur B 25 ~ **14** diese queren und dem Radweg rund 2 km folgen ~ links, dann gleich rechts ~ an einem kleinen See weiter Richtung Fremdingen ~ ca. 300 m nach dem See links, über eine kleine Brück dann gleich wieder rechts und direkt neben den Gleisen nach Fremdingen ~ bis zur Querstraße.

Fremdingen

Vorwahl: 09086; PLZ: 86742

ℹ **Gemeinde Fremdingen**, Kirchberg 1, ☎ 92003-0, www.fremdingen.de

⛪ **Dominikanerinnenkloster**, 1721 gegründet, überlebte als einziges Kloster im Ries die Säkularisation

Hier haben Sie die Möglichkeit einen Ausflug nach Hochaltingen zu machen um das Barockschloß zu besichtigen.

An der Querstraße links und die Gleise kreuzen ~ hinter der Bahnlinie gleich rechts und dem Straßenverlauf, beziehungsweise dem Radweg parallel zur Bundesstraße nach Hochalting folgen.

Hochaltingen

Seit 1153 war Hochaltingen Sitz der Herren von Haheltingen. Im 16. Jahrhundert gelangte es unter die Herrschaft derer von Hürnheim, die das dreiflügelige Schloss errichteten. Im Jahre 1770 erhielt das Schloss seine heutige barocke Gestalt. Seit dieser Zeit diente das Schloss den Fürsten von Oettingen-Spielberg als Sommersitz, bis es Ende des 19. Jahrhunderts von Franziskanerinnen übernommen wurde und heute als Altenheim fungiert. Außerdem sehenswert

AndersRum (Karte 14): Am Ortsende von **Rühlingstetten** rechts abbiegen ⮑ nach etwa 1 km wieder rechts ⮑ entlang der Bahnlinie in Richtung **Greiselbach** ⮑ links von den Gleisen weg und durch **Wittenbach** auf der Ortsdurchfahrtsstraße nach **Mönchsroth** ⮑ hier auf die Bundesstraße ⮑ rechts ab und auf einem Radweg hinter **Diederstetten** vorbei ⮑ weiter auf dem Radweg bis **Dinkelsbühl**.

ist die Pfarrkirche Mariä Himmelfahrt. Im 18. Jahrhundert wurde sie als dreijochige Wandpfeilerkirche errichtet, im barocken Stil der Vorarlberger Schule. Profane und sakrale Kunstgegenstände sowie farbenfrohe Fresken schmücken das Innere.

An der Querstraße rechts und bei der ersten Möglichkeit, in der Rechtskurve der Straße (noch bevor Sie auf die Hauptstraße stoßen) links Richung **Bünlingen** und **Minderoffingen** abzweigen ⮑ **15** in Minderoffingen links Richtung Maihingen ⮑ auf einem etwas verwachsenen Waldweg gelangen Sie zur **Klostermühle** ⮑ an der Klostermauer entlang auf einem Pfad ⮑ Sie kommen dann auf einen gepflasterten Weg und durch ein Tor direkt ins Klostergelände.

Maihingen
PLZ: 86747; Vorwahl: 09087

🏛 **Rieser Bauernmuseum**, ☎ 778, ÖZ: Mitte März–Mitte Nov., Di–Do, Sa, So 13–17 Uhr, Juli–Sept., Di–So 10–17 Uhr. In 2 denkmalgeschützten Gebäuden einer barocken Klosteranlage präsentiert das Museum reiche volkskundliche Bestände. Im ehem. Brauhaus bemalte Möbel aus Rieser Werkstätten, Trachten, Keramik, Flachsbearbeitung, etc. In der ehem. Klosterökonomie die Ausstellung „Rieser Landwirtschaft im Wandel" – von der Handarbeit mit einfachen Geräten bis zur Vollmechanisierung.

🔢 **Minoritenkloster Mariä Himmelfahrt**

Imposant erhebt sich das ehemalige Minoritenkloster Mariä Himmelfahrt, das in hellem Weiß erstrahlt. 1437 wurde das Kloster von den Grafen von Oettingen auf dem sumpfigen Boden des Mauchtales gestiftet, nachdem 30 Jahre zuvor, so erzählt es die Legende, Graf Johann der Ernsthafte von Alt-Wallerstein von seinem Pferd abgeworfen wurde und durch die Anrufung der Heiligen Mutter Anna gerettet wurde. Die von ihm gelobte Kapelle an dieser Stelle wurde bald zur Wallfahrtsstätte und später dann zum Kloster, das den Wechsel einiger Orden durch seine Mauern hat ziehen sehen, bevor der Birgittenorden hier Einzug hielt. Mitte des 15. bis Ende des 17. Jahrhunderts bestand das Doppelkonvent der heiligen Birgitta

Maihingen

in diesen Mauern. Anfang des 18. Jahrhunderts wurde die Klosteranlage von U. Beer, der der berühmten Vorarlberger Baumeisterfamilie entstammte, umgestaltet.

Direkt gegenüber des Klosters befindet sich das Rieser Bauernmuseum. Es ist in zwei Gebäuden des ehem. Klosters untergebracht. Das ehemalige Brüderhaus des Birgittenordens ist seit dem 15. Jahrhundert als einziges in dem Komplex ganz erhalten geblieben und wurde zwischen 1725 und 1935 als Brauhaus genutzt. Seit 1984 werden Ihnen hier die Zeugnisse und Dokumente der ländlichen Kultur des Rieses nahegebracht.

Die Route führt Sie aber nicht ganz bis zum Kloster vor, sondern biegt schon vorher links

ab Richtung Birkhausen. Kurz hinter Maihingen überwinden Sie für lange Zeit zum letzten Mal einen kleinen Hügel, denn nun befinden Sie sich im Ries.

Das Nördlinger Ries

Das Nördlinger Ries war lange Zeit ein großes Rätsel für die Forscher. Bis in die sechziger Jahre des 20. Jahrhunderts wurden vulkanische Tätigkeiten für die Entstehung eines so großen kreisrunden Kessels angenommen, bis zwei amerikanische Forscher Mineralien fanden, die nur bei Temperaturen und einem so hohen Druck entstehen konnten, die das Erdinnere nicht zu Wege bringen kann. Seitdem ist klar, dass das Ries nur durch einen fast einen Kilometer großen Steinmeteoriten entstanden sein kann, der mit einer Geschwindigkeit von ungefähr 70 000 Stundenkilometern auf die Alb-Hochfläche eingeschlagen hat. Ein bis zu 1000 Meter tiefes und 12 Kilometer großes Loch wurde in die Landschaft gerissen, durch Ausgleichsbewegungen entstand ein ca. 25 Kilometer großer flacher Krater. Außerdem wurde damals ein neues Gestein geschaffen, der Suevit, der ein Gemisch aus

AndersRum (Karte 15): Nach der Ortschaft **Maihingen** links halten ∼ über die Bahnlinie und dann links ∼ an den Schnabelhöfen vorbei ∼ in **Minderoffingen** rechts Richtung **Bünlingen** und weiter nach **Fremdingen** in Fremdingen rechts Richtung Bahnübergang ∼ vor den Gleisen links auf den Radweg parallel zu den Gleisen, vorbei an einem kleinen See, dann parallel zur B 25 nach **Oppersberg** ∼ die B 25 queren und nach **Rühlingstetten**.

Schmelzfetzen und zermalmtem Granit und Gneis darstellt.

Von Maihingen nach Nördlingen   10,3 km
Auf dem Radweg neben der Straße nach **Birkhausen** ∼ am Ortsbeginn von Birkhausen rechts ∼ am Ende der Straße links und gleich wieder rechts in die **Obere Dorfstraße** ∼ **16** bei der zweiten Möglichkeit links in die Straße **Am Weiherbuck** ∼ dann wiederum rechts halten ∼ unter den Gleisen hindurch und auf einen Radweg, der bis Wallerstein führt ∼ in dieser weiten Ebene taucht nun ein etwas seltsames Gebilde auf, das so gar nicht hierher passen mag: Der Wallersteiner Felsen.

Wallerstein
Vorwahl: 09081; PLZ: 86757
ℹ **Markt Wallerstein**, Weinstr. 19, ✆ 27600, www.markt-wallerstein.de

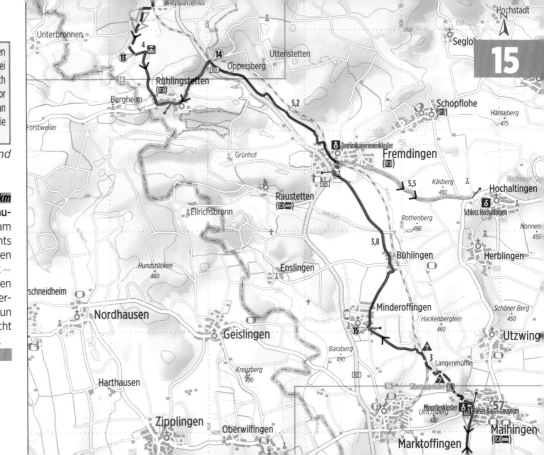

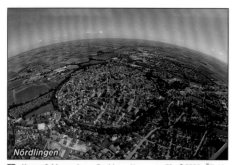

Nördlingen

🏛 **Neues Schloss**, ehem. Residenz, Herrenstr. 78, ☎ 7820, ÖZ: 16. März-31. Okt., Di-So 10-17 Uhr. Thema: Originales Mobiliar und Inventar sowie die erlesene Porzellan- und Gläsersammlung des Fürstlichen Hauses Oettingen-Wallerstein.

♿ **Pfarrkirche St. Alban**, im 13. Jh. erstmals erwähnt, seltene zweischiffige Halle

♿ **Moritzschlössle** im Schlosspark aus dem 19. Jh.

✳ **Pestsäule**, 1722-1725 von Joh.Georg Bschorer geschaffen

✳ **Wallersteiner Felsen**

Der Wallersteiner Felsen

70 Meter hoch ist der mächtige Wallersteiner Felsen, ein der beliebter Siedlungspunkt mit äußerst strategischer Bedeutung war. Der Felsen gehört zu einer Reihe von Bergkuppen in dem sonst so flachen Ries. Der Halbkreis wird der „Innere Ring" genannt und ist der aufgeschobene und aufgeworfene Rand des eigentlichen primären Einschlagkraters. Dieser Primärkrater, der beim Einschlag des Meteoriten entstand, hatte einen Durchmesser von 12 Kilometern.

Dem Einschlag folgten Ausgleichsbewegungen der Erdkruste, wodurch die Gesteinsmassen am Kraterboden angehoben wurden und gleichzeitig um den Krater herum die Schichten sich großräumig um 100 bis 200 Meter absenkten. Auf diese Weise entstand die Kraterrandzone und die Kraterstruktur des Rieses konnte sich auf die heutige Größe mit einem Durchmesser von 25 Kilometern erweitern. Dieser Innere Ring besteht zum Großteil aus kristallinem Gestein, also Granite und Gneise, aus denen sich auch der Wallersteiner Felsen zusammensetzt. Dieses Gestein bildet jedoch nur den Sockel für den Riesseekalkfelsen, dessen Gestalt heute sichtbar ist. Dieser Kalkstein entstand in dem See, der sich nach dem Meteoriteneinschlag im Krater gebildet hatte und das geschah folgendermaßen: Aus dem Granitfelsen des Inneren Ringes strömten Quellen, die Kalk abschieden. Der Wallerstein war damals eine pflanzenbewachsene Insel im Riessee, die durch den steigenden Wasserspiegel überflutet wurde. Diese festen Kalkabsätze, auch Travertin genannt, formten einen Stein, der dem Ansteigen des Sees folgte, für lange Zeit von Tonsedimenten überdeckt war und während der Eiszeiten wieder freigelegt wurde.

Aufgrund dieser Ereignisse überragt die Kalkkuppe, der Wallerstein, das Ries und war im 12. Jahrhundert erstmals Baugrund für eine Burg. Seit 1188 gehörte diese Burg Kaiser Friedrich I. Barbarossa und war Mittelpunkt der staufischen Besitzungen des Rieses. Die zugehörige Siedlung, damals noch unter dem Namen Steinheim, wurde erst 1238 genannt. 1261, nach dem Untergang der Staufer, ging die Burg an die Grafen von Oettingen, unter denen sich eine blühende Siedlung während des 13. und 14. Jahrhunderts entwickelte.

Im 15. Jahrhundert wurden dann Burg und Schloss auch namentlich zusammengelegt, und die Oettinger Grafen begannen den Ort zur Residenz auszubauen. 1500 wurde dem Ort durch Kaiser Maximilian I. das Marktrecht verliehen. Im 18. Jahrhundert avancierte der Markt zum kulturellen Mittelpunkt des Fürstentums Oettingen-Wallerstein. 1806 verlor aber auch Wallerstein seine Unabhängigkeit an das Königreich Bayern.

Den Ort auf der Hauptstraße durchfahren, vorbei am Wallersteiner Felsen ∼ an der T-Kreuzung links in die **Weinstraße** ∼ dem Straßenverlauf folgen ∼ wenn Sie auf die Hauptstraße treffen fahren Sie links und setzen Sie ihre Route zum schon recht nahen Nördlingen fort ∼ auf der rechten Seite beginnt gleich beim Ortsende ein Fahrradweg, der im Ortsgebiet von **Ehringen** kurzzeitig aufhört, um an dessen Ortsende, nun auf der linken Seite, wieder fortzusetzen.

Baldingen

17 An der Querstraße in Baldingen links ∼ weiter auf der Ortsdurchfahrtsstraße ∼ immer geradeaus gelangen Sie nach Nördlingen

AndersRum (Karte 16): In **Nördlingen** in die **Oskar-Mayer-Straße** ∼ links in die **Reimlinger Straße** ∼ über den **Schäfflesmarkt** auf den **Marktplatz** und in die **Baldinger Straße** ∼ immer geradeaus bis nach **Baldingen** ∼ dort rechts und über **Ehringen** nach **Wallerstein** ∼ rechts unter den Gleisen hindurch ∼ in **Birkhausen** links in die Straße **Am Weiherbuck** ∼ rechts in die **Obere Dorfstraße** und links aus dem Ort hinaus ∼ in **Maihingen** durch das Klostergelände.

∼ geradeaus unter den Gleisen hindurch ∼ an der Vorfahrtsstraße geradeaus ins Zentrum ∼ Sie kommen zum Marktplatz.

Nördlingen

Vorwahl: 09081; PLZ: 86720

- 🛈 **Tourist-Information**, Marktpl. 2, ☎ 84116 und 84216, www.noerdlingen.de
- 🏛 **Stadtmuseum**, Vordere Gerberg. 1, ☎ 84810, ÖZ: März-Nov., Di-So 13.30-16.30 Uhr, Führungen auf Anfrage möglich. Thema: Stadtgeschichte, Gerichtswesen, spätgotische Tafelgemälde, Malerei des 19. Jhs.
- 🏛 **Rieskrater-Museum**, Eugene-Shoemaker-Pl. 1, ☎ 84710, ÖZ: Mai-Okt., Di-So 10-16.30,

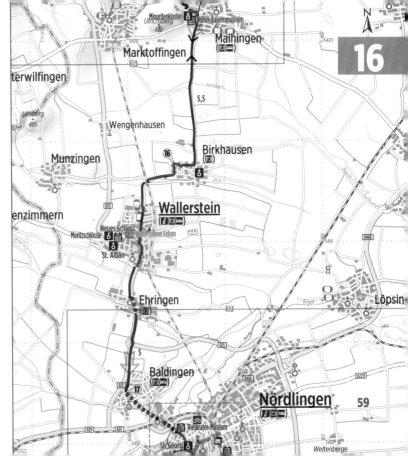

Nördlingen

N

400 m

Nov.-April, Di-So 10-12 Uhr und 13.30-16.30 Uhr. Thema: Geologische Geschichte des Rieses, das vor ca. 15 Millionen Jahren durch den Einschlag eines Meteoriten entstand.

Bayerisches Eisenbahnmuseum, Am Hohen Weg 6a, ☏ 09083/340, ÖZ: Okt.-März., Sa 12-16 Uhr, So/Fei 10-17 Uhr, Mai-Sept., Di-Sa 12-16 Uhr, So/Fei. 10-17 Uhr. Gezeigt werden über

Nördlingen, Kasarmen

100 Originalfahrzeuge der Königlich Bayerischen Staatsbahn.

St. Georgskirche, im 15. Jh. erneuert, eine der größten spätgotischen Hallenkirchen Süddeutschlands mit dem Turm als Wahrzeichen der Stadt, dem **Daniel**, ÖZ: Nov.-März, 9-17.30 Uhr, April-Okt., 9-19 Uhr (eindrucksvoller Blick auf die Stadt und das Umland)

Kriegerbrunnen, 1902 entstanden, mit einzigartigen Jugendstilelementen

Das einmalige Erlebnis, den „Daniel", das Wahrzeichen Nördlingens zu besteigen, sollten Sie sich nicht entgehen lassen. Wenn Sie die 350 Stufen des 90 Meter hohen Turmes hinaufgestiegen sind, eröffnet sich ein hinreißender Blick auf die kreisrund angelegte Stadt, eingesäumt von der 2,7 Kilometer langen Stadtmauer mit 11 Stadtmauertürmen, die zwischen dem 14. und dem 17. Jahrhundert angelegt wurden, und 5 erhaltenen Stadttoren sowie eine weite Aussicht auf das vor zirka 15 Millionen Jahren entstandene Ries. Eine

AndersRum (Karte 17): In **Balgheim** links und gleich wieder rechts an der Vorfahrtsstraße auf der Ortsdurchfahrtsstraße nach **Reimlingen** und weiter auf einem Radweg nach **Nördlingen**.

einzigartige Besonderheit des „Daniels" ist der Türmer, der ihn bewohnt, eine ungebrochene Tradition seit dem 14. Jahrhundert.

Sie befinden sich auf dem Turm einer der größten spätgotischen Hallenkirchen Süddeutschlands, die im 15. Jahrhundert neu errichtet wurde, als die alte St. Georgskirche den Nördlinger Bürgern zu klein geworden war. Der wuchtige und schlichte Kirchenbau ist aus dem Suevit-Gestein erbaut, das durch den Aufprall des Meteors entstanden war. In der eher überwiegenden Schmucklosigkeit ist der Hochaltar Blickfang und Mittelpunkt der dreischiffigen Halle. Dass ein solch enormer Bau im 15. Jahrhundert entstehen konnte, zeugt von einer schon länger andauernden Geschichte.

Erste Anzeichen einer Besiedelung reichen bis in römische Zeiten zurück, als hier eine Straßenstation stand. Die Römer nannten diese Region Raetia, aus dem die spätere Bezeichnung Ries entstand. Im 3. Jahrhundert ging die

17

Siedlung dann an die Alemannen über, die sich in den folgenden 300 Jahren hier fest niederließen. Urkundlich erstmals erwähnt wurde der Königshof im Jahre 898 in der Schenkungsurkunde an den Bischof von Regensburg. 200 Jahre später wurde er von Friedrich II. wieder in den Reichsbesitz zurückgeholt. Im 13. Jahrhundert erlangte die Stadt Reichsfreiheit und entfaltete sich als Verkehrsknotenpunkt zu voller Blüte.

Besondere wirtschaftliche Bedeutung hatte die Pfingstmesse, die weit über die Grenzen des Landes bekannt war, denn sie galt als einer der wichtigsten Treffpunkte des oberdeutschen Fernhandels. In den Jahren 1376-89 war Nördlingen Mitglied des Schwäbischen Städtebunds, ein Zusammenschluss von 14 schwäbischen Städten zur Sicherung der Reichsunmittelbarkeit. Die Zünfte beka-

Nördlingen im Ries

men immer größeren Einfluss in der Stadt, im Besonderen die Leinen- und Tuchweber sowie die Gerber und Färber.

Die blühende Stadt schloss sich 1522 der Reformationsbewegung an, der Zeitpunkt des beginnenden Niedergangs der Stadt, der seinen Höhepunkt im Dreißigjährigen Krieg hatte, nach dem sich die einstige freie Reichsstadt, die diesen Titel pro forma bis 1803 noch innehatte, wirtschaftlich nicht wieder erholte. Trotz all der Kriege und Zerstörungen hat sich Nördlingen ein historisches und einheitliches Stadtbild erhalten.

Von Nördlingen nach Harburg   24,7 km

Direkt vor der Kirche links und quer über den Marktplatz ～ nach der Kirche rechts halten und dem Straßenverlauf folgen ～ auf der **Reimlinger Straße** Nördlingen verlassen～ an der **Oskar-Mayer-Straße** rechts ～ Sie ordnen sich auf der Geradeaus-Spur ein ～ weiter

AndersRum (Karte 18): Auf Höhe von **Ebermergen** die B 25 überqueren ～ einbiegen Richtung Brünsee ～ nach der Ortschaft **Brünsee** auf der **Brünseer Straße** nach **Harburg** ～ hinter der Bahn in die **Mündlinger Straße** ～ vor der Brücke rechts in die **Wemdinger Straße** ～ der Straße, beziehungsweise dem Radweg, über **Ronheim** bis **Heroldingen** folgen ～ vor dem Ort links über die Brücke und entlang der Bahn ～ die Gleise überqueren und nach **Hoppingen** ～ rechts und über die **B 25** links ab nach **Großsorheim** ～ durch **Kleinsorheim** ～ in **Ziswingen** rechts und am Ortsende links ～ in **Merzingen** dem Rechtsbogen folgen und dann linksherum nach **Balgheim**.

in einem Linksbogen der der Oskar-Mayer-Straße folgen ～ auf einem Radweg entlang der Straße nach Reimlingen ～**18** im Ort endet der Radweg ～ Sie folgen hier dem Hauptstraßenverlauf.

Reimlingen

Das Schloss Reimlingen, erbaut im 16. Jahrhundert durch Volprecht von Schwalbach, beherbergt heute u. a. die Gemeindeverwaltung. In der Kuluretage finden Ausstellungen und Konzerte statt, der Schlossgarten bietet Platz für Open-Air-Veranstaltungen und Feste.

Nach dem Ortsende ein kurzes Stück rechts an der Bundesstraße entlang, dann gleich

wieder links die Bundesstraße verlassen und dem Straßenverlauf nach **Balgheim** folgen.

Im Ort an der Vorfahrtsstraße links und gleich wieder rechts Richtung Merzingen und Mönchsdeggingen.

Geradeaus und leicht bergauf aus Balgheim hinaus ~ Sie kommen nach Merzingen hinein ~ in einer Rechtskurve über eine kleine Brücke.

Merzingen

Im Ort erst rechtsherum Richtung Mönchsdeggingen und in der Kurve dann links ~ **19** an der T-Kreuzung wiederum links.

Die Landstraße bringt Sie nach **Ziswingen** ~ an der Vorfahrtsstraße rechts ~ in der Rechtskurve links nach **Kleinsorheim** ~ Sie durchfahren die Ortschaft und radeln auf dem **Großsorheimer Weg** nach Großsorheim ~ an der Vorfahrtsstraße links.

Großsorheim

Dem Straßenverlauf aus Großsorheim hinaus folgen ~ unter der B 25 hindurch ~ im Ortsteil **Hoppingen** an der Hauptstraße links.

▌Hier haben Sie die Möglichkeit die Strecke
▌abzukürzen. An der Hauptstraße links und
▌dann rechts und über die Brücke. Auf der anderen Seite der Wörnitz an der Querstraße rechts nach Katzenstein.

Harburg

Über die Gleise ~ direkt danach links dem Weg folgen ~ der Rechtskurve nach Heroldingen hinein folgen.

Heroldingen

20 Nach der Brücke rechts in die Straße **An der Tiefenmühle** ~ es geht aus dem Ort hinaus ~ diesem Weg bis **Katzenstein** folgen, dann rechts ab in die kleine Siedlung ~ zur Wörnitz und auf dem Weg parallel zum Fluss entlang ~ unter den Gleisen hindurch ~ weiter nach **Ronheim** ~ den Ort durchfahren und wieder unter den Gleisen hindurch ~ nach den Gleisen rechts auf den Radweg nach Harburg ~ am Ortsanfang endet der Radweg und Sie folgen dem Straßenverlauf über die Gleise ~ wo die

Brücke rechts über die Wörnitz führt, fahren Sie links in die **Mündlinger Straße.**

▌Wer ins Zentrum und zur Burg möchte,
▌hält sich rechts und radelt über die Alte
▌Steinerne Brücke.

Auf der Mündlinger Straße über die Gleise und gleich danach rechts ein kurzes Stück parallel zu den Gleisen.

Harburg

Vorwahl: 09080; PLZ: 86655

🛈 **Stadtverwaltung**, Schlossstr. 1, ✆ 96990, www.stadt-harburg-schwaben.de

🏰 **Burg Harburg**, Fürstliche Verwaltung ✆ 96860, ÖZ: 24. März-1. Nov. 10-17 Uhr, stündlich Führung durch die historische Burg

Macht- und prachtvoll erhebt sich die **Harburg**, *welche gleichsam eine Befestigungsanlage ist und als einer der besterhaltendsten Burg Deutschlands gilt, über das Tal der Wörnitz. Hier trennt die Wörnitz die Schwäbische von der Fränkischen Alb und bildet die Grenze zwischen dem Jura der beiden Teile des süddeutschen Schichtstufenlandes. Über diesem Durchbruchstal wurde die Burganlage ursprünglich zum Schutz der Reichsstraße Nördlingen-Donauwörth angelegt.*

1093 wird die Burg erstmals erwähnt und befand sich von 1150 bis 1295 in den Händen der Staufer. Dann gelangte die Harburg, Festung und Ort, durch Verpfändung an die Grafen von Oettingen, die hier zwischen 1493 und 1549 residierten. Bis zum 16. Jahrhundert war die Architektur der Burg noch rein von den Wehranlagen geprägt. Dies änderte sich während der Residenzzeit der Oettinger, die die Anlage zu einem Schloss ausbauten, was sich im Besonderen in den Wohn- und Wirtschaftsgebäuden auswirkte. Im 18. Jahrhundert erhielt die Harburg dann seine jetzige Gestalt in Form einer Barockisierung.

Von Harburg nach Donauwörth 14,2 km

Auf der Mündlinger Straße aus dem Ort hinaus ～ auf der **Brünseer Straße** nach **Brünsee** ～ weiter bis zur B 25 und unter dieser hindurch ～ **21** geradeaus auf der

AndersRum (Karte 19): In **Donauwörth**, auf dem Radweg parallel zur Zirgesheimer Straße kommend, über die Brücke und links in die **Kapellstraße** ～ rechts halten und durch das Parkgelände ～ am Ende links halten und durch einen Tunnel ～ auf einem Dammweg Donauwörth verlassen ～ unter der Bahn hindurch und durch **Felsheim** ～ geradeaus durch den Ort ～ weiter nach **Wörnitzstein** ～ hier links über die Brücke und entlang der Bahnlinie nach **Ebermergen** ～ durch den Ort und zur B 25.

Straße **An der Brücke** nach Ebermergen.

Ebermergen

Dem Straßenverlauf durch den Ort folgen und weiter in der **Pfarrgasse** immer Richtung Bahngleise ～ am Ende der Pfarrgasse der Linkskurve der Straße folgen und weiter in der **Georgenstraße** ～ an der 4er-Kreuzung rechts und auf die Gleise zu ～ der Bahnlinie bis **Wörnitzstein** folgen ～ an der Gabelung links und über die Brücke ～ nach der Brücke gleich rechts ～ auf ruhigen Wegen radeln Sie bis Felsheim ～ geradeaus durch den Ort.

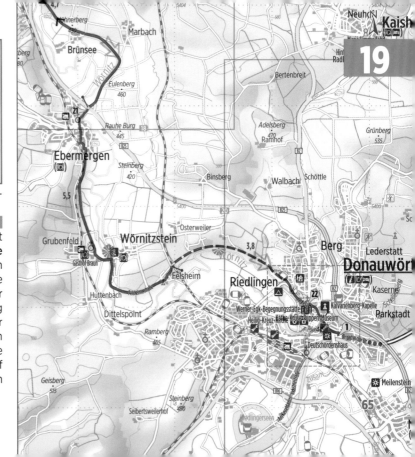

Felsheim

In einer Linkskurve aus Felsheim hinaus ∼ nach der Ortschaft rechts unter der Bahn hindurch ∼ hinter der Kreuzung ist die Straße nicht mehr befestigt und geht bald in einen gemeinsamen Rad- und Fußweg über ∼ auf dem gesandeten Radweg über eine Holzbrücke ∼ auf diesem Radweg nach Donauwörth hinein ∼ über eine Querstraße geradeaus weiter ∼ bei den **Tennisplätzen** weist ein Radschild links auf einem Pfad kurz steil hinauf ∼ weiter auf einem Dammweg ∼ der Radweg endet, geradeaus weiter auf der asphaltierten Straße.

22 Wundern Sie sich nun nicht, Sie fahren durch den Torbogen in einen Tunnel hinein, der Sie in ein Parkgelände geleitet ∼ hier nehmen Sie den rechten der Wege direkt zwischen Spielplatz und Minigolfplatz entlang ∼ an der historischen Stadtmauer können Sie rechts problem-

Donauwörth

los ins Zentrum abzweigen, die Route für die Weiterfahrt geht hier jedoch links weiter.

Donauwörth

PLZ: 86609; Vorwahl: 0906

- ℹ **Städtische Tourist-Information**, Rathausg. 1, ✆ 789-151, www.donauwoerth.de
- 🏛 **Archäologisches Museum**, im Tanzhaus, Reichsstr. 34, ✆ 789170, ÖZ: Sa, So/Fei von 14-17 Uhr
- 🏛 **Heimatmuseum** auf der Insel Ried, Hindenburgstr. 15, ✆ 789-170
- 🏛 **Haus der Stadtgeschichte**, im Rieder Tor, ✆ 789-170
- 🏛 **Käthe-Kruse-Puppen-Museum**, Pflegstr. 21a, ✆ 789-170, ÖZ: Mai-Sept. Di-So 11-18 Uhr, Okt-April Di-So 14-17 Uhr.
- 🏛 **Werner-Egk-Begegnungsstätte**, Pflegstr. 21a, ÖZ: Mai-Sept. Di-So 11-18 Uhr, Okt-April Di-So 14-17 Uhr. Thema: Kunst und Kultur für Musikliebhaber.
- ✴ **Deutschordenshaus**, im 18. Jh. erbaut, ist eine der ältesten Niederlassungen des 1197 gegründeten Deutschen Ritterordens.
- ✴ **Café Engel**, Reichsstr. 10, ✆ 3481, einst Sitz der Donauwörther Meistersingerschule, ältestes urkundlich erwähntes Haus der Stadt.
- ✴ **Reichsstraße**. Eine der schönsten Straßenzüge Süddeutschlands mit Rathaus, gotischem Liebfrauenmünster, Fuggerhaus und Reichsstadtbrunnen.
- ✝ **Münster „Zu Unserer Lieben Frau"**, im 15. Jh. erbaute gotische Hallenkirche mit der **Pummerin**, der größten (131 Zentner) Turmglocke Schwabens.
- ✝ **Klosteranlage Heilig Kreuz**, Wallfahrtskirche aus dem 11. Jh., barock geprägt von der „Wessobrunner Schule", Werke von historischer und kunsthistorischer Bedeutung im Innern.
- 🚲 **Zwei-Rad-Uhl**, Dillinger Str. 57, ✆ 9816060
- 🚲 **Top-Bike Brachem**, Kapellstr. 25, ✆ 8077
- ✉ **Freibad** auf dem Schellenberg, Sternschanzenstr. 3, ✆ 789540

Man kann sich heute kaum mehr vorstellen, dass eine Brücke eine Stadt reich machen kann. Früher, als es ein gefährliches und langwieriges Unterfangen war, eine längere Brücke zu bauen, war dies öfter der Fall. So zum Beispiel in Donauwörth. Hier kreuzte der wichtige Handelsweg zwischen Nürnberg und Augsburg die Wasserstraße. An die dreißig Mal wurde die Brücke zerstört und ebenso oft wurde sie wieder aufgebaut. Aber auch die schmucken Bürgerhäuser, vor allem in der Reichsstraße, belegen die historische Bedeutung der Stadt. Auch die zahlreichen kunsthistorischen Schätze der Kirchen sind ein äußeres Zeichen einstigen

Donauwörth

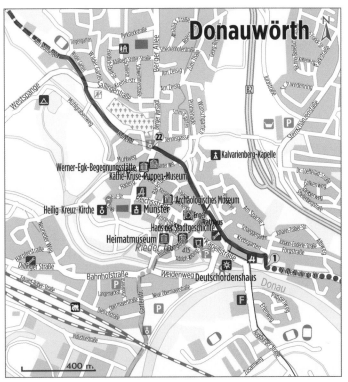

Donauwörth

Wohlstands. Da ist zum Beispiel die Pietá (1508), eine frühbarocke Darstellung, die steinerne Muttergottes und das gotische Sakramentshäuschen. Den Abschluss der Reichsstraße bildet das Rathaus, dem das sogenannte Fuggerhaus gegenübersteht, das Anton Fugger 1537-39 anlässlich der Übernahme der Reichspflege errichten ließ. Außerdem blieben, als letzte von vier großen Ausfalltoren, das Rie- der Tor und das Färbertor erhalten. Um die Klosteranlage Heilig Kreuz, sie liegt am Rande der Innenstadt, ranken sich viele kleine Histörchen. Die Kreuzreliquie stammt aus Byzanz, Graf Mangold I. von Werd hat sie hierher gebracht. Nach Byzanz war er übrigens gereist, um eine Frau für den Kaisersohn mitzubringen, was ihm allerdings nicht gelang.

Von Donauwörth nach Landsberg

Dort, wo die Wörnitz in die Donau mündet, in der alten Reichsstadt Donauwörth, fängt der dritte Abschnitt der Romantischen Straße an. Wieder ein anderer Fluss wird von nun an Ihr Begleiter sein: der Lech. Eine weite Ebene charakterisiert das Auengebiet dieses Flusses zwischen Donauwörth und Augsburg. Hinter Augsburg verändert sich das Bild des Lechs recht stark, Grund hierfür sind nicht zuletzt die zahlreichen Staustufen. Ein See nach dem anderen nimmt die türkisen Wassermassen auf, die der Fluss aus den Alpen mit sich bringt.

Zunächst verläuft die Route auf befestigten Wegen mitten durch das Lechfeld, später an dessen bewaldeten Rändern entlang, natürlich ohne wesentliche Verkehrsbelastung. Etwa acht Kilometer vor Augsburg wird die Route entlang des Lechs bis zur Stadt der Fugger unbefestigt. Mit ständigem Blickkontakt zum Lech radeln Sie bis Landsberg, wobei die letzte Strecke vor diesem Etappenziel teilweise auf unbefestigten Wegen verläuft, und kehren dem Fluss nur selten den Rücken zu.

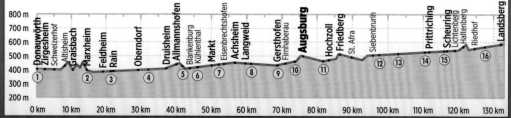

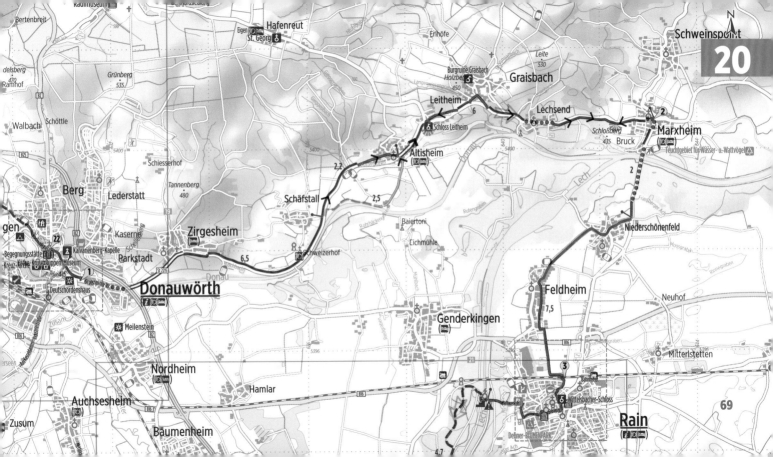

20

Schweinspoint

Hafenreut
Eigen
St. Georg

Burgruine Graisbach
Holzberg
450
Graisbach

Leite
530

Erlhöfe

Leitheim
6
Lechsend
Marxheim
2

Schloßberg
435
Bruck

Schloss Leitheim

Altisheim

2,2

Schäfstall

2,5

Zirgesheim

Niederschönenfeld
2

Bertenbreit

delsberg
470
Ramhof

Walbach   Schöttle

Grünberg
535

Berg   Lederstatt

Schiesserhof

Tannenberg
480

Kaserne

Parkstadt

Schweizerhof

Baiertoni

Eichmühle

gen

Begegnungsstätte
Kreuz-Kelik-Krippenmuseum

Kalvarienberg-Kapelle

Deutschordenshaus

Donauwörth

6,5

Feldheim
7,5

Neuhof

Meilenstein

Nordheim

Genderkingen

Mitterlstetten

Auchsesheim

Hamlar

3
Bahnhof

Zusum

Bäumenheim

Wittelsbacher-Schloss

Rain

Delner-BLUMENPARK

4,7

69

Von Donauwörth nach Rain 24,2 km

Auf der Promenade durch den Park ⁓ **1** am Parkende links auf die stark befahrene **Zirgesheimer Straße** ⁓ unter der B 2 hindurch und Richtung Zirgesheim, Radweg bis dorthin auf beiden Seiten der Landstraße.

Zirgesheim

Weiter auf dem Radweg nach Schäfstall.

VARIANTE **Hier zweigt eine kurze Variante, die abseits der Hauptstraße und mit weniger Steigungen verläuft, ab. In Altishem treffen sich beide Routen wieder.**

Bergauf und bergab über **Altisheim** und **Leitheim** ⁓ das Schloss Leitheim kann besichtigt werden ⁓ der Landstraße folgend gelangen Sie über **Lechsend** nach Marxheim ⁓ die etwas erhöhte Straße lässt so manche Aussicht auf das Donautal zu ⁓ Radwege sind auf dieser Strecke immer wieder vorhanden.

Marxheim

Der Radweg endet kurz vor der Kirche ⁓ **2** bei der nächsten Kreuzung rechts Richtung **Bruck** auf den straßenbegleitenden Radweg

Rain, Rathausplatz

⁓ in Bruck endet der Radweg und Sie müssen ein kurzes Stück auf der Straße weiter fahren ⁓ über die Donau ⁓ nach ca. 2 km beginnt der Radweg wieder ⁓ weiter bis **Niederschönenfeld** ⁓ links nach **Feldheim** abbiegen ⁓ auf der **Raifeisenstraße** in den Ort ⁓ links halten und weiter auf der **Gartenstraße** ⁓ auf der Brücke die Bundesstraße überqueren ⁓ vorbei an einer Kläranlage ⁓ dem Straßenverlauf folgen und unter den Gleisen hindurch nach Rain.

Rain

PLZ: 86641; Vorwahl: 09090

- **Stadt Rain**, Hauptstr. 60, ☎ 703-333, www.rain.de
- **Gebrüder-Lachner-Museum,** Kirchpl. 7, ☎ 7030, ÖZ: n. V. Die „Musik-Geschwister" Franz, Vinzenz und Ignaz Lachner zählen zu den bedeutendsten bayerischen Komponisten und Musikern des 19. Jhs.
- **Heimatmuseum,** Oberes Eck 3, ☎ 7030, ÖZ: So 14-16 Uhr und n. V.
- **Jean-Daprai-Museum,** Bahnhofstr. 6, ☎ 700821, ÖZ: Mo-Fr 8.30-12.30 Uhr und 14-16 Uhr. Thema: Surrealistische Malerei
- **St. Johannes der Täufer** (14 Jh.) mit gotischen Decken- und Wandmalerein
- **Wittelsbacher-Schloss** (15 Jh.), ehemaliges Wasserschloss am Rande der Altstadt
- **Hauptstraße.** Einzigartiges Ensemble mit Bürgerhäusern aus dem 17. und 18. Jh. und dem Rokoko-Rathaus (1759-1762).
- **Tilly-Denkmal** (1914) an der Hauptstraße, in Erinnerung an die Schlacht bei Rain
- **Dehner-BLUMENPARK** mit Blumenmeeren, Teichlandschaften und Natur-Lehrgarten, insgesamt 3 ha groß
- **Georg-Weber-Park**
- **Stadtpark** in den Wallanlagen
- **Hallenbd** mit Sauna

Rain wurde erstmals 1257 in einer Urkunde des Klosters Niederschönenfeld erwähnt. Geschichtliche Bedeutung erlangte die Stadt als Grenzstadt im nordwestlichen Winkel (Alt-)Bayerns. Der damals noch reißende Gebirgsfluss Lech bildete an dieser Stelle die bayerische Westgrenze. Privilegien wie Stadt- und Marktrechte und die Einnahme von Zöllen machten aus Rain eine wohlhabende Festungsstadt. Als Zeugnisse dieser Zeit sind noch Reste der Stadtmauer und der ehemaligen Stadtbefestigung sichtbar.

Wegen der hier ansässigen bundesweit bekannten Firma Dehner nennt sich Rain auch „Blumenstadt". Im Jahr 2009 wurde hier die Gartenschau „Natur in Rain" ausgerichtet. In diesem Zusammenhang wurden der Stadtpark mit der Leutnantschanze neben dem renovierten Wittelsbacher-Schloss neu angelegt und ein Natur-Lehrgarten an den Dehner-Blumenpark angeschlossen.

Ebenfalls 2009 wurde Rain in die Liste der nun 28 Städte an der Romantischen Städte aufgenommen. Nicht nur der Fern- und der Radwanderweg, sondern auch die bekannte Ferienstraße selbst machen seitdem einen kleinen Umweg, um den Besuchern die geschichtsträchtige und blumenreiche Stadt am Lech zu präsentieren.

Von Rain nach Biberbach   27,2 km

Kurz nach der Ortseinfahrt entfernt sich der Radweg von der Straße und führt unter der Bahn hindurch ~ danach gleich rechts ~**3** an der nächsten Straße biegen Sie links ein ~ überqueren Sie die folgende Straße ~ durch den Park hindurch zur **Schloßstraße** ~ bis Sie an die **Hauptstraße** gelangen ~ rechts einbiegen ~ nach ca. 400 m biegen Sie links in Richtung **Dehner-Blumenpark**

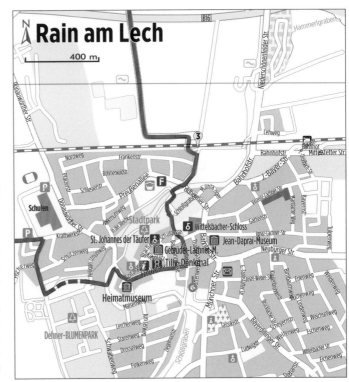

AndersRum (Karte 20, 21 und 22): In **Holzen** links und gleich wieder rechts ∿ vorbei am **Kloster Holzen** nach **Allmannshofen** ∿ in **Druisheim** rechts und auf dem Landwirtschaftsweg ∿ die B 2 queren ∿ dann links halten Richtung Oberndorf ∿ an der Vorfahrtstraße rechts nach Oberndorf ∿ am Ende des Ortes das Schloß rechts umrunden ∿ und links auf den unbefestigen Radweg nahe des Mühlbachs ∿ weiter bis nach **Rain** ∿ die Gleise unterqueren und die Bundesstraße überqueren ∿ über **Feldheim** weiter nach **Niederschönenfeld** ∿ den Ort durchfahren ∿ an der Kreuzung links und über die Donau ∿ in Marxheim links Richtung **Donauwörth**.

ab ∿ im Kreisverkehr vor dem Eingang zum Blumenpark rechts ∿ am Blumencafé vorbei in den Rad- und Fußweg ∿ an einem Bachlauf entlang ∿ am Wegende über die Brücke nach rechts ∿ dem Verlauf des **Ängerweg** folgen ∿ an der T-Kreuzung links ∿∿ auf der **Kraftwerkstraße** Rain verlassen ∿ immer geradeaus zum Wasserkraftwerk am **Lech** ⚠ hier endet der Weg an einem Gebäude ∿ gehen Sie an der rechten Gebäudeseite entlang bis Sie an der Rückseite eine Türe erreichen ∿ schieben Sie das Fahrrad durch die Tür und dahinter über ein paar Stufen hinauf auf einen Steg ∿ auf dem Eisensteg über den **Lech** ∿ dem kurvenreichen Wegverlauf folgen.

Nach insgesamt 600 m links in den Weg mit dem Fahrverbotsschild einbiegen ～ es folgt ein sehr schöner Wegabschnitt durch die Auwälder des Lechs mit ihrer abwechslungsreichen Vegetation ～ an den nächsten Kreuzungen jeweils geradeaus. Nach rechts auf den grasbewachsenen **Dammweg** einbiegen ～ an der nächsten Kreuzung den Damm nach links verlassen ～ gleich nach der Brücke rechts ～ nach einer erneuten Brücke über den Bach links halten ～ am Hochstand rechts abbiegen ～ 600 m lang geradeaus ～ schließlich überqueren Sie einen kleinen Kanal und sehen rechts einen hölzernen Pavillon, links führt ein Weg zur **Lourdesgrotte** ～ die Hauptroute biegt an dieser Stelle schräg rechts ab. Sie stoßen auf den Zufahrtsweg zum Schloss ～ um einen Blick aufs Schloss zu werfen, müssen Sie links fahren, ansonsten setzen Sie die Ihre Fahrt nach rechts fort.

Oberndorf

Oberndorf auf der Hauptstraße durchfahren ～ am Ortsende beginnt ein straßenbegleitender Radweg, der sich noch 1,6 km fortsetzt ～ **4** dann die Straße nach links versetzt überqueren und auf dem breiten Weg an der Baumreihe entlang ～ Sie folgen diesem Weg auf den nächsten 2,6 km durch eine flache, landwirtschaftlich geprägte Landschaft.

An der T-Kreuzung kurz vor der B 2 links ～ vor der Brücke links ～ auf der Brücke überqueren Sie schließlich die autobahnähnlich ausgebaute B 2 ～ im weiteren Wegverlauf die Bahnstrecke überqueren ～ Sie fahren schnurgerade auf Druisheim zu ～ der Weg mündet in Druisheim in die **Trowinstraße** ～ folgen Sie der Trowinstraße Richtung Süden

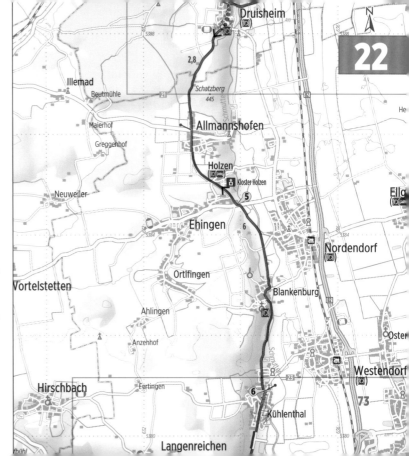

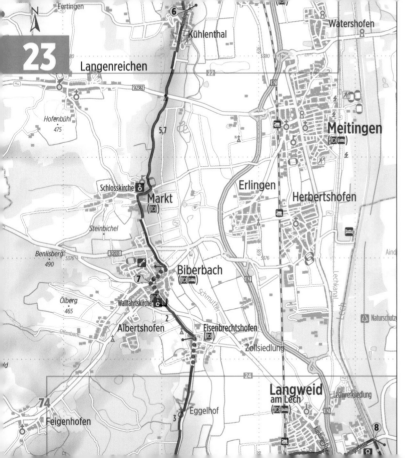

AndersRum (Karte 23 und 24): Vom Uferradweg entlang des Lechs links auf den Radweg entlang der **Rehlinger Straße** ～ über die **B 2** und nach **Langweid** ～ links in die **Achsheimer Straße** ～ weiter nach **Achsheim** ～ dort rechts und auf dem Radweg nach **Eisenbrechtshofen** ～ in Eisenbrechtshofen links und nach Bibernach ～ in **Biberbach** rechts auf die Ortsdurchfahrtsstraße ～ links wieder ab und auf dem Radweg nach **Markt** ～ beim Gasthof nach rechts ～ am Ende des Ortes links ab ～ durch **Kühlental** nach **Blankenburg** ～ dort links und an der Kreuzung rechts ～ an der nächsten Kreuzung geradeaus Richtung **Holzen**.

～ in der Ortsmitte rechts Richtung Allmanshofen in die **Graf-Treuber-Straße** ～ der Straße bis **Allmanshofen** folgen ～ am Ortsende von Allmannshofen beginnt links der Straße ein Radweg ～ bergab am **Kloster Holzen** vorbei

Holzen

5 Unten an der Vorfahrtsstraße links und gleich in die nächste Straße wieder rechts ～ an der Weggabelung rechts halten ～ an der nächsten Kreuzung geradeaus ～ auf dieser Straße erreichen Sie die Ortschaft **Blankenburg** ～ an der Kreuzung links ～ an der Vorfahrtsstraße rechts.

Blankenburg

Von Blankenburg fahren Sie weiter auf der Straße nach **Kühlental**

Biberbach

~ 6 in Kühlental an der Hauptstraße mit einem Schlenker nach links und gleich darauf rechts in die Straße **Am Anger** ~ auf dieser Straße verlassen Sie den Ort und fahren nach Markt weiter.

Markt

Die Ortschaft Markt empfängt Sie mit einem weiß getünchten Schloss, das zum Besitz der Fugger zählt, und seiner barocken Schloss-kirche.

Sie umrunden den Schlossberg rechtsherum und biegen hinter dem Gasthof links in die **Sonnenstraße** ~ am Ortsende nimmt Sie ein Radweg auf, um Sie nach Biberbach zu bringen ~ in Biberbach rechts auf die Hauptstraße~ **7** im Ort links Richtung Augsburg.

Biberbach

Von Biberbach nach Augsburg　　28,7 km

Wenn die Steigung beginnt, können Sie rechts auf eine Nebenfahrbahn ausweichen ~ an der Kirche des Ortes vorbei und weiter auf dem Radweg nach Eisenbrechtshofen.

Eisenbrechtshofen

Den Ort durchfahren und auf einem Radweg nach **Achsheim** ∼ von der **Bauernstraße** in Achsheim links nach Langweid ∼ durch die Bahnunterführung ∼ an der Querstraße geradeaus in die **Achsheimer Straße** ∼ an der **Augsburger Straße** rechts.

Langweid

Am Kreisverkehr links über die Autobahn ∼ auf dem Radweg entlang der **Rehlinger Straße** zum Lech ∼ **8** nach dem **Lechkanal** rechts auf einen gesandeten Weg ∼ nachdem Sie nun noch die Brücke über einen Verbindungsarm vom Lech zu seinem Kanal überwunden haben und den linken Weg für die Weiterfahrt gewählt haben, radeln Sie immer auf der Insel zwischen Lechkanal und dem Lech dahin ∼ an der großen Querstraße können Sie rechts nach Gersthofen abbiegen.

Gersthofen

Vorwahl: 0821

🏛 **Ballonmuseum**, Bahnhofstr. 12, ☎ 2491506, ÖZ: Mi, Fr 13-17 Uhr, Do 10-19 Uhr, Sa, So/Fei 10-17 Uhr

Für die Weiterfahrt links über den Lech ∼ **9** am anderen Ufer wenden Sie sich nach

rechts und radeln auf der linken Seite des Flusses unter der Autobahn hindurch und immer tiefer nach Augsburg hinein ∼ Sie halten sich am besten immer in Sichtweite des Lechs, dann können Sie Ihren Weg gar nicht verfehlen.

VARIANTE Wenn Sie die Fahrt durch das Zentrum von Augsburg mit teilweise verkehrsreichen Straßen vermeiden möchten, radeln Sie einfach weiterhin geradeaus am Lechufer entlang.

10 An der Weggabelung links halten ∼ wiederum links in die Leipziger Straße ∼ rechts in die **Dr.-Otto-Meyer-Straße** einbiegen ∼ an der Kreuzung mit der **Hans-Böckler-Straße**

Lech in Augsburg

rechts und über die **MAN-Brücke** den Lech überqueren.

Es geht weiter auf der **Stadtbachstraße** ∼ über die **Thommstraße** gelangen Sie zum **Fischertor** ∼ hier links in die **Frauentor-Straße** ∼ Sie befinden sich nun im Zentrum von Augsburg.

Augsburg

Vorwahl: 0821; PLZ: 86150

ℹ **Tourist-Information**, Rathauspl. 1, ☎ 502070, www.augsburg-tourismus.de

🎗 **Hoher Dom**, Frauentorstr. 1, romanisch-gotisches Bauwerk aus dem 11.-15. Jh.

🏛 **Maximilianmuseum**, Phil.-Welser-Str. 24, ☎ 3244167, ÖZ: Di-So 10-17 Uhr. Thema: Stadtgeschichte, Augsburger Silber, Kunstgewerbe aus dem 10.-18. Jh., Buchmalerei, Plastik und Architekturmodelle.

🏛 **Staatliches Textil- und Industriemuseum tim**, Provinostr. 46, ☎ 8100150, ÖZ: Di-So 9-18 Uhr. Thema: Die Veränderung des Menschen während des Industriezeitalters.

🏛 **Brechthaus/Brechtgedenkstätte**, Auf dem Rain 7, ☎ 3242779, ÖZ: Di-So 10-17 Uhr. Thema: Dokumente zum Leben und Werk des Dichters in seinem Geburtshaus.

🏛 **Staatsgalerie** im ehemaligen Dominikanerinnenkloster, St. Katharina, Eingang Schaezlerpalais, Maximilianstr. 46,

Rathaus mit Augustusbrunnen

✆ 3244118, ÖZ: Di-So 10-17 Uhr. Thema: Altdeutsche Malerei
🏛 **Deutsche Barockgalerie** im Schaezlerpalais, Maximilianstr. 46, ✆ 3244118, ÖZ: Di-So 10-17 Uhr. Thema: Gemälde deutscher Meister des 16.-18. Jhs., Rokokofestsaal
🏛 **Mozarthaus**, Frauentorstr. 30, ✆ 4507945, ÖZ: Di-So 10-17 Uhr. Dokumentation zum Leben

AndersRum (Karte 25): Am **Ulrichsplatz** wiederum rechts ∿ dann immerzu geradeaus ∿ an der Kreuzung mit der **Thommstraße** nach rechts ∿ den Lech überqueren ∿ links in die **Dr.-Otto-Meyer-Straße** ∿ links über die **Leipziger Straße** wieder zum Ufer des Lech ∿ rechts am Fluss entlang ∿ bei **Gersthofen** wieder links über den Lech und etwa 7,5 km geradeaus nach **Langweid**.

und Wirken von Leopold und Wolfgang Amadé Mozart.
🏛 **Diözesanmuseum St. Afra**, Kornhausg. 3-5, ✆ 3166-8833, ÖZ: Di-Sa 10-17 Uhr, So 12-18 Uhr. Museum mit erlesenen Kunstschätzen: die Bronzetüre des Augsburger Domes aus dem 11. Jh., die Funeralwaffen Kaiser Karls V. oder Messgewänder des heiligen Ulrich aus dem 10. Jh.
🏛 **Augsburger Puppenkiste**, Spitalg. 15, ✆ 4503450, ÖZ: Di-So 10-19 Uhr. Originalpuppen aus 50 Jahren Marionettentheater auf 600 m² Ausstellungsfläche.
🏛 **Römermuseum**, Dominikanerg. 15, im ehemaligen Dominikanerkloster. ÖZ: Wegen Sanierungsarbeiten bis auf weiteres geschlossen. Bedeutendste Sammlung römischer Stein-

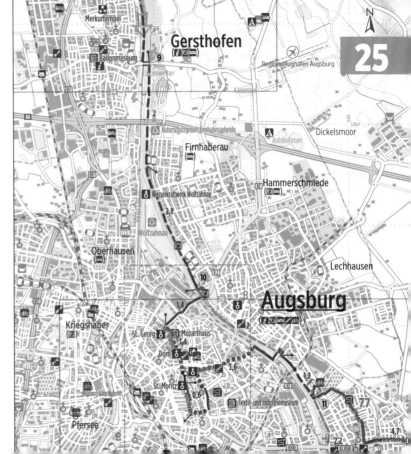

denkmäler Bayerns: Gemmen und Bronze-Statuetten, ein Goldmünzenschatz, Keramiken und Gläser.

- **Fugger und Welser Erlebnismuseum**, Äußeres Pfaffengäßchen 23, ☎ 50207-0, ÖZ: Di-So 10-17 Uhr. Im Herbst 2014 öffnet das neue Museum im aufwendig sanierten Renaissancegebäude „Wieselhaus". In diesem Haus wird der Einfluss erfahrbar, den Augsburgs Patrizier-Familien im frühen 16. Jh. im europäischen und weltweiten Wirtschaftsgeschehen hatten.
- **Schwäbisches Handwerksmuseum**, ☎ 3259/1270, begehbare historische Werkstätten in Augsburgs Altstadt
- **Rathaus**, Rathauspl. 2, Kunstwerk der deutschen Renaissance, von Elias Holl in den Jahren 1615-20 erstellt, prachtvoller Goldener Saal.
- **Fuggerstadtpalast**, Sitz der Fugger, einer deutschen Kaufmannsfamilie, die im 15. und 16. Jh. durch die Fuggersche Handelsgesellschaft Weltgeltung erlangte.
- **Fuggerei**, älteste Sozialsiedlung der Welt, 1523 fertiggestellt, mit Fuggereimuseum
- **Fronhof**, Residenz und Hofgarten, ehemaliger Sitz der Bischöfe von Augsburg, erbaut um 1700, der Mitte des 18. Jhs. angelegte Hofgarten verbindet Dom und Residenz.
- **Weberhaus**, Moritzpl. 2, Zunfthaus der Weber aus dem Jahr 1389 mit modernen Fresken.

Sie befinden sich im alten Handwerkerviertel der Jakobervorstadt und stoßen linker Hand auf eine gelb getünchte Siedlung, die Sie im Namen der Fugger im historischen Augsburg willkommen heißt, die Fuggerei. Wie in einem eigenen kleinen Dorf fühlt man sich da zwischen den kleinen Reihenhäusern und den herzig angelegten Gärtchen, in der ersten und ältesten Sozialsiedlung der Welt. In den Jahren 1516-23 ließ Jakob Fugger der Reiche diese Wohnsiedlung für bedürftige Bürger errichten. Arme Bürger konnten hier für eine jährliche Miete von einem Rheinischen Florin (heute € 0,88) ihren Lebensabend verbringen. Dieser Segen war jedoch beschränkt auf jene Bedürftigen, die dem katholischen Glauben anhingen.

Auf der anderen Straßenseite der Barfüßerstraße liegt die Straße Auf dem Rain, die Gasse, in der Bertolt Brecht seine Jugendjahre verbrachte. Am 10. Februar 1898 wurde der spätere Schriftsteller und Regisseur hier geboren. Anhand von Dokumenten seiner Jugendzeit können Sie sich genauer über den Mann informieren, der fast alle deutschsprachigen Schüler schon öfters geplagt oder erfreut hat. Von „Das Leben des Galilei" zur „Mutter Courage" bis „Der gute Mensch von Sezuan" oder auch die „Dreigroschenoper", alle seine Werke handeln von jenen Themen, die sich mit menschlicher Freiheit, sozialer Gerechtigkeit, dem Glücksverlangen des Einzelnen und der Notwendigkeit des Opfers beschäftigen und mit deren Unvereinbarkeit untereinander.

Vom Jakoberviertel aus schleichen Sie sich sozusagen von hinten an das Rathaus und den Perlachturm an. Der 70 Meter hohe Stadtturm sowie das meisterhafte Renaissancebauwerk wurden im 17. Jahrhundert von Elias Holl errichtet und bilden den Mittelpunkt der alten Straßenachse, die sich von der

Augsburg

Augsburg

Goldener Saal

Maximilianstraße über die Karolinenstraße bis zum Dom hin erstreckt. Fast genau in der Mitte zwischen Fuggerstadtpalast und Hohem Dom, dem weltlichen und dem geistlichen Pol, ragen die Zwiebeltürme des Rathauses hervor. Mit der prachtvollen Innenausstattung in venezianischem Stil und mit dem Goldenen Saal bezeugten die Augsburger Bürger von damals ihren Reichtum. Auf der Maximilianstraße nach rechts hinunter erwartet Sie schon das Weberhaus und ein paar Pedaltritte weiter der Fuggerstadtpalast. Der baufreudige Jakob Fugger der Reiche errichtete in den Jahren 1511-15 dieses prachtvolle Gebäude mit seinen reichen Innenhöfen und

schaffte somit den Schauplatz für ein Finanzimperium der mittelalterlichen Welt, für die Fuggersche Handelsgesellschaft.

Die Geschichte dieser Handelsgesellschaft begann mit der Einwanderung des Webers Hans Fugger nach Augsburg im Jahre 1367. Schon die nächste Generation hatte soviel Anerkennung und Reichtum erlangt, dass sie als ratsfähig galt. Noch heute besteht die Linie der „Fugger von der Lilie", die von Jakob dem Älteren im 15. Jahrhundert begründet wurde und die bald zu den reichsten Familien Europas gehörte. Wenn Sie die Maximilianstraße über die Karolinenstraße bis zum Hohen Weg nach Norden fahren, gelangen Sie zur geistlichen Seite der Stadt, dem Hohen Dom. An dieser Stelle sind die ältesten Siedlungsspuren gefunden worden, die bis auf die Römer zurückgehen. Um die Jahrtausendwende ließ Kaiser Tiberius die Zivilstadt Augusta Vindelica gründen, die bis ins 6. Jahrhundert hinein Hauptstadt der Provinz Raetien war. Auf dieser geschützten Lage zwischen den Flüssen Wertach und Lech begann sich im 8. Jahrhundert die mittelalterliche Siedlung herauszubilden. 807 wurde an

diesem Fleck erstmals eine Kirche geweiht, dessen romanischer Kern, eine dreischiffige Pfeilerbasilika, im 11. Jahrhundert entstand, der dann im 14. Jahrhundert in weiten Teilen gotisiert wurde.

Auf das 11. Jahrhundert geht außerdem die Vergabe des Markt- und Münzrechtes zurück, zu Beginn des 12. Jahrhunderts kam dann noch das Stadtrecht hinzu. Gemeinsam mit dem Stadtrecht grenzte Kaiser Friedrich I. Barbarossa die Rechte von Bischof und Bürgern gegeneinander ab. 100 Jahre später wurde der Stadt dann auch noch die Reichsfreiheit zugesichert.

Mit den Fuggern gelangt großer Reichtum in die Stadt, wovon auch die Künste sowie die Wissenschaft profitieren. Künstler wie die Holbeins, die Burgkmairs, Elias Holl oder auch Albrecht Dürer tummeln sich in der blühenden wohlhabenden Stadt. Im 16. Jahrhundert gewinnt Martin Luther die Stadt für die Reformation, was auch für Augsburg schicksalsträchtig war. Durch den Schmalkaldischen Krieg und den Dreißigjährigen Krieg verlor die Stadt viel von ihrem Glanz und ihrem Reichtum und noch dazu ihre Unabhängigkeit. 1806 fiel Augsburg ans Bayerische Königreich.

In den westlichen Wäldern von Augsburg

Schwabens einziger **Naturpark „Augsburg-Westliche Wälder"** liegt in einer abwechslungsreichen Landschaft zwischen der Donau und dem Alpenvorland und ist geprägt von den eiszeitlichen Geschehnissen. Drei große Bereiche lassen sich im Naturpark abgrenzen: Die „Stauden" im Süden sind durch sanft bewaldete Hügel und herrliche Bachtäler charakterisiert. Im Zentrum des Naturparks tut sich ein weiter Talkessel auf, die Reischenau. Nördlich davon grenzt der Holzwinkel an, eine waldreiche Hügellandschaft, die sich zu beiden Seiten des Zusamtales erstreckt. Zu erwähnen ist auch noch der „Rau-

Fuggerei

he Forst", eine große zusammenhängende Waldlandschaft nordöstlich der Stauden.
Von besonderer Anziehungskraft ist der Reichtum an kulturhistorisch interessanten Baudenkmälern. Aufgrund der bewegten Geschichte des Gebietes findet man zahlreiche Zeugnisse verschiedenster Kulturen, meist keltischen und römischen Ursprungs. Noch eindrucksvoller sind die Schlösser der letzten Jahrhunderte, die vor allem von den reichen Fuggern erbaut wurden. Nicht weniger sehenswert sind die kirchlichen Bauten, an denen Meister wie Dominikus Zimmermann und Elias Holl gewirkt haben. Das Kloster Oberschönenfeld im Schwarzachtal sei besonders hervorgehoben.
Entstanden ist der Naturpark im Jahre 1974, als der Verein für die Erhaltung des Parks gegründet wurde. Die Ziele dieses Vereins sind hoch gesteckt: Das Gebiet des Naturparks soll unter

Erhaltung der natürlichen Gegebenheiten zu einem großräumigen Erholungsgebiet für die Allgemeinheit erschlossen werden. Das Landschaftsbild ist somit zu erhalten, Schäden sind zu verhindern oder zu beheben, die Tier- und Pflanzenwelt ist zu schützen und Erholungseinrichtungen sind zu schaffen.
Zu diesen Erholungseinrichtungen gehören vor allem ein ausgedehntes Wanderwegenetz, ein gut ausgebautes Netz an beschilderten Radwegen, Waldlehrpfade und ein Museum, das Naturparkhaus.

Von Augsburg nach Prittriching 30,8 km

Weiter über den **Hohen Weg** und die **Karolinenstraße** bis zur Kirche **St. Ulrich** ∼ links in die Straße **Milchberg** bis zum **Schwibbogenplatz** ∼ links auf den Radweg parallel zur Straße ∼ rechts in die **Jakoberstraße** - am **Jakobertorplatz** links halten ∼ danach rechts in die **Johannes-Haag-Straße** ∼ an der Kreuzung mit der **Berliner Allee** rechts auf den Radweg ∼ nach Überquerung des Lechs rechts halten entlang des Flusses.
11 Links in die **Schöneckstraße**.

Friedberg

VARIANTE Wer möchte, kann hier auch weiter entlang des Lechs radeln und die Strecke etwas abkürzen.

Weiter in die **Karwendelstraße** ⤳ daraufhin links in die **Grüntenstraße** ⤳ diese geradeaus fahren ⤳ in die Sackgasse, die für Radfahrer freigegeben ist ⤳ weiter in der **Maria-Alber-Straße** ⤳ im Linksbogen der Straße rechts ab zur Wallfahrtskapelle Maria Alber ⤳ geradeaus

weiter auf dem Radweg parallel zur Augsburger Straße, dann auf dem straßenbegleitenden Radweg ⤳ danach geradeaus weiter und dem nach rechts abbiegenden Radweg folgen ⤳ am Einrichtungshaus Segmüller vorbei und geradeaus der **Augsburger Straße** entlang ⤳ dem Straßenverlauf steil bergauf ins Stadtzentrum folgen.

Friedberg
PLZ: 86316; Vorwahl: 0821

🛈 **Touristinformation**, Marienpl. 5, ☏ 6002611, www.friedberg.de

🏛 **Museum im Wittelsbacher Schloss**, Schlossstr. 1, ☏ 6002148, beherbergt neben einer archäologischen Abteilung auch Exponate der Friedberger Uhrmacherkunst.

🔲 **St. Jakob**, Pfarrstraße

Oben angelangt, in der Rechtskurve der Hauptstraße geradeaus weiter ⤳ vor der Kirche rechts und an der Hauptstraße links ⤳ an der großen Kreuzung mit der **Münchner Straße** rechts auf den Radweg ⤳ auf einer Brücke über die Bahngleise und dann geradeaus in die **Stephanstraße** ⤳ weiterhin geradeaus in die Straße **Am Bierweg** ⤳ dann rechts in den **Hagelmühlweg** ⤳ auf einem Waldweg

bergab ins Tal ⤳ nach einer Brücke rechts und wieder links.

An der Vorfahrtsstraße links auf den Radweg ⤳ die Hauptstraße beschreibt dann einen Rechtsbogen, Sie fahren hier geradeaus an der **Kapelle St. Afra** vorüber ⤳ weiter auf dem Radweg bis zur Ampelanlage an der Bundesstraße, die Sie überqueren ⤳ rechts auf den linksseitigen Radweg der **B 2** ⤳ links in die **Zedlitzstraße** ⤳ an der **Garmischer Straße** links ⤳ nach einem Rechtsbogen weiter auf der **Mittenwalder Straße** ⤳ Sie befinden sich hier wieder in Augsburg.

Augsburg-Hochzoll

Der Radweg führt Sie bis an den **Kuhsee** ⤳ am See rechts ⤳ an der Schleuse links über den Lech ⤳ am anderen Ufer links in den **Siebentischwald** hinein ⤳ mittendrin an einer Kreuzung links halten ⤳ durch den Wald gelangen Sie nach **Siebenbrunn** ⤳ an der Schranke vorbei und auf der normalen Straße, der **Siebenbrunner Straße** gerade weiter ⤳ **12** an der **Krankenhausstraße** links ⤳ die Straße wird zum asphaltierten Forstweg ⤳ nach 300 m rechts ⤳ **13** bei der

AndersRum (Karte 26): Nach den rund 5 km aus dem Wald heraus, dann links ⤳ rechts in die Siebenbrunner Straße ⤳ durch Siebenbrunn ⤳ im Siebentischwald an der Kreuzung rechts ⤳ den Lech nach rechts hin überqueren ⤳ am Kuhsee entlang und dann links ⤳ in Augsburg auf die Mittenwalder Straße ⤳ über die Garmischer Straße rechts in die Zedlitzstraße ⤳ die B 2 überqueren ⤳ auf dem Radweg nach Friedberg ⤳ über einen Waldweg in den Hagelmühlweg ⤳ links in die Straße Am Bierweg ⤳ geradeaus und über Gleise ⤳ an der Hauptstraße links ⤳ nach der Kirche rechts und wieder links ⤳ es geht steil bergab ⤳ die Afrastraße kreuzen ⤳ über die Maria-Alber-Straße und die Grüntenstraße nach Hochzoll ⤳ rechts in die Karwendelstraße ⤳ weiter in der Schöneckstraße ⤳ am Ende der Schöneckstraße rechts ⤳ den Lech entlangfahren, ihn nach links hin überqueren und auf den Radweg an der Berliner Allee ⤳ links in die Johannes-Haag-Straße ⤳ über den Jakobertorplatz in die Jakoberstraße ⤳ links in den Oberen Graben dann weiter auf der Forsterstraße ⤳ rechts in die Margaretenstraße und geradeaus weiter zum Ulrichsplatz.

Staustufe 23, dem Mandichosee, kommen Sie aus dem Wald wieder hinaus und überqueren die Straße.

Mandichosee

Mal am Damm, mal im Wald fahren Sie weiter zur nächsten Staustufe ⤳ hier folgen Sie der asphaltierten Straße auf das Wehr

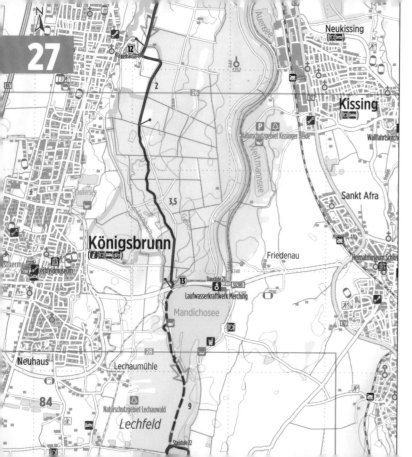

der **22. Staustufe** ∼ wenn Sie vom Wehr heruntergerollt sind, geht es links bis zu den Koppeln weiter ∼ dort rechts ∼ 3 km lang geht's schnurgerade dahin, dann **14** schwenken Sie links und erreichen die Ortschaft Prittriching.

Prittriching

Von Prittriching nach Landsberg am Lech   20,7 km

In einem Rechtsbogen kommen Sie in die Ortschaft und fahren dann geradeaus ∼ immer der Hauptstraße folgend ∼ dann rechts in die **Bürgermeister-Franz-Bitsch-Straße** ∼ links in die **Angerstraße** ∼ an der Vorfahrtsstraße rechts ∼ am **Bad** vorbei ∼ 300 m nach dem Freibad geht es links, nach weiteren 600 m, vor der **Assisi Kapelle**, nach rechts ∼ weitere 400 m später gleich nochmal links ∼ nun radeln Sie wieder schnurgerade durch eine weite, ebene Ackerflur auf Scheuring zu ∼ **15** zu Ortsbeginn rechts auf die Ortsdurchfahrtsstraße.

Scheuring

Rechts in die **Bachstraße** ∼ an der nächsten Querstraße rechts ∼ mit einem Linksbogen weiter auf der **Lechstraße** ∼ Sie verlassen Scheuring ∼ vor dem Waldrestaurant, dem **Zollhaus** am Lech, rechts einbiegen und unter der Bundesstraße hindurch ∼ an der Staustufe links und dann gleich wieder rechts dem Weg, an der Uferlinie des Lechstausees entlang.

Mit Ausblick auf die weite Wasserfläche, den Lechstausee - Staustufe 19, radeln Sie am Ufer dahin und gelangen in ein waldiges Gebiet. Der Waldweg führt Sie zu einer Kreuzung, an der Sie die Beschilderung nach links weist ∼ folgen die dem Weg bis zum Biergarten des Oskar-Weinert-Hauses ∼

beim Haus oben geht die Route rechtsherum weiter.

Falls Sie jedoch der Burgruine Haltenberg einen Besuch abstatten wollen, müssen Sie sich nach links wenden. Hier oben, am Hochufer des Lechs, treffen Sie auf den Vor- und Frühgeschichte-Weg, auf dem Sie in regelmäßigen Abständen von Informationstafeln über die geschichtlichen Begebenheiten der Gegend aufgeklärt werden.

Ein schöner dichter Fichtenwald gibt Ihnen nun das Geleit ∼ Sie halten sich am Ende des Waldes rechts und radeln immer in der Nähe des Abhanges zum Fluss hinunter ∼ der Wiesenweg führt Sie an dem kleinen Jagdschloss vorüber ∼ sobald der Weg wieder befestigt ist, senkt er sich ins Tal hinab, und Sie erreichen die ersten Häuser

AndersRum (Karte 27 und 28): Durch **Scheuring** auf der **Lechstraße** und der **Bachstraße** ∼ knappe 2 km nach der Ortschaft nach rechts ∼ an der Vorfahrtsstraße links ∼ an der nächsten wieder rechts und am Ortsbeginn von **Prittriching** links ∼ rechts in die **Bürgermeister-Franz-Bitsch-Straße** ∼ links in die Hauptstraße und dieser folgen ∼ nach dem Ortsende rechts abbiegen und geradeaus ∼ links auf das Wehr der **22. Staustufe** ∼ danach rechts ∼ bei der **Staustufe 23** die Straße geradeaus überqueren und dem Straßenverlauf durch den Wald für etwa 5 km geradeaus folgen.

von Kaufering ∼ weiter bis ins Ortszentrum.

Kaufering

Der Hauptstraße weiter durch Kaufering folgen ∼ **16** über die Lechbrücke und unmittelbar danach in einer Rechtskurve unter der Brücke hindurch ∼ etwa 100 m nach der Eisenbahnbrücke nimmt Sie ein unbefestigter, gesandeter Radweg auf und führt Sie durch die Lechaue.

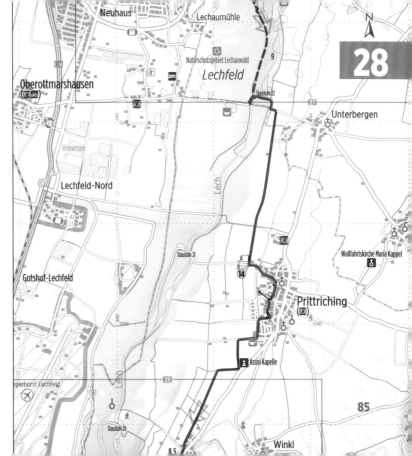

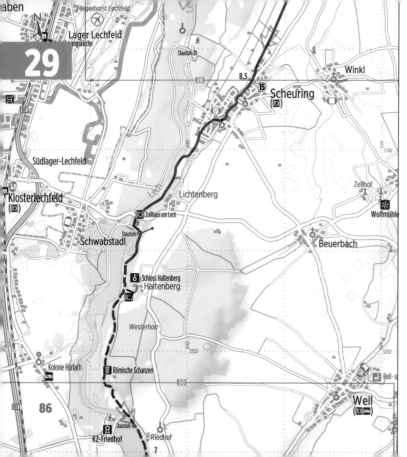

AndersRum (Karte 29 und 30): Für Route nach Kaufering in Landsberg vom **Hauptplatz** aus in die **Ludwig-Straße** ~ über die **Sandauer Brücke** und dann rechts entlang des Lechs ~ unter der Autobahn hindurch ~ entlang des Flusses nach **Kaufering** ~ auf der Brücke rechts über den Lech ~ am **Brückenring** links und aus der Ortschaft hinaus ~ auf einem unbefestigten Radweg weiter ~ an der größeren Straße links und beim **Zollhaus** wieder rechts nach **Scheuring**.

VARIANTE Möchten Sie die gesandete Strecke allerdings nicht fahren, folgen Sie dem befestigten Radweg vorbei am Wertstoffhof, biegen an der verkehrsreicheren Straße links ab und fahren auf dieser bis ins Zentrum von Landsberg.

Der Weg entfernt sich ein wenig vom Flusslauf, führt durch einen schattigen Kiefernwald, der Waldboden ist über und über mit grünen, samtigen Moosen überzogen ~ Sie nähern sich dem Lech bald wieder, denn Sie haben praktisch nur eine Linkswindung des Flusses auf geradem Wege abgeschnitten ~ ganz schmal windet sich der Weg nun zwischen dem Lech und dem Wald dahin, schlängelt sich an einer Kläranlage vorbei und unter der Autobahn hindurch.

Sie gelangen an eine Holzbrücke, die einen kleinen Bach quert und der sich in den grünfarbenen Lech ergießt ~ an einer größeren Brücke überqueren Sie den Lech nochmals und radeln in die historische und romantische Altstadt hinein. auf einem Radstreifen zur Altstadt.

Landsberg am Lech

Vorwahl: 08191; PLZ: 86899

🛈 **Tourist-Information,** im historischen Rathaus, Hauptpl. 152 ☎ 128-246 oder -245, www.landsberg.de

🏛 **Historisches Schuhmuseum,** Vorderer Anger 274, ☎ 42296, ÖZ: n. tel. V. (außer So). Thema: Schuhe aus 8. Jh. und von vielen Prominenten

Neues Stadtmuseum, Von-Helfenstein. 426, ☎ 128360, ÖZ: April-Jan., Di-Fr 14-17 Uhr, Sa, So/Fei 10-17 Uhr. Thema: Bürgerliche Wohnkultur aus dem 18. und 19. Jh., Stadtgeschichte und Stadtansichten, religiöse Kunst vom Mittelalter an und wechselnde Sonderausstellungen.

Mutterturm und Herkomermuseum, ÖZ Mutterturm: 31. März-19. Okt. So 12-17 Uhr. 1884 wurde von Hubert von Herkomer zu Ehren seiner Mutter ein Turm im Stil eines normannischen Bergfrieds erbaut. Im Nachbargebäude befindet sich ein Museum über den, vor allem in England sehr erfolgreichen, Maler und Graphiker Hubert von Herkomer.

Stadtpfarrkirche (12. Jh.), Im 15. Jh. wurde die ursprüngliche Kirche im gotischen Stil umgebaut und erweitert. Ab dem 17. Jh. erfuhr die impossante dreischiffige Pfeilerbasilika eine zunehmende Barockisierung, v. a. im Zuge der Kapellen- und Altarumgestaltungen.

Klosterkirche (18. Jh.), Ursulinenkloster mit Klosterkirche Zur Hl. Dreifaltigkeit.

Schmalzturm, Am Hauptplatz

Bayertor, Alte Bergstr. 448, spätgotische Toranlage von 1425, ÖZ: Mai-Okt. Di-So 10-12 u. 14-17 Uhr. Von den Zimmen des Turmes bietet sich ein lohnender Ausblick auf die Altstadt und das Lechtal bis hin zu den Alpen.

Historisches Rathaus, Fassade von Dominikus Zimmermann von 1719. Besichtigung des Rathauses gegen geringen Eintritt, oder im Zuge einer Stadtführung. Nähere Informationen in der Tourist-Information.

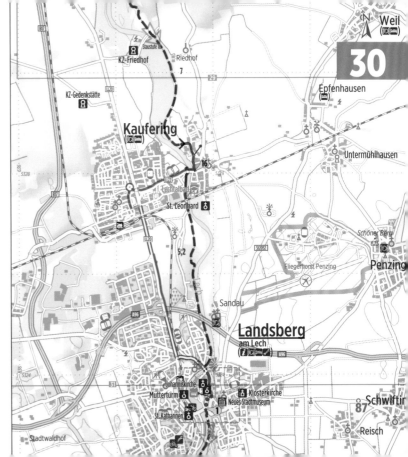

30

Landsberg am Lech

Landsberg am Lech

Bewundernswert ist das gut erhaltene historische Stadtbild von Landsberg. Wenn Sie sich am Hauptplatz des Städtchens befinden und sich einmal um die eigene Achse drehen, dann sticht, mal ganz abgesehen von den farbenfrohen Häuserzeilen, der Schmalzturm sofort ins Auge. Das Bauwerk mit den leuchtenden Ziegeln auf seinem Haupt wird auch der „Schöne Turm" genannt.

Als weiterer Blickfang des Platzes stellt sich Ihnen die reichlich verzierte Fassade des Rathauses vor, dessen Verzierungen von einem berühmten Manne stammen, einem einstigen Ratsherrn und Bürgermeister Landsbergs, der gleichzeitig als großer Künstler tätig war und das gesamte Stadtbild mit seinen Werken geprägt hat: Dominikus Zimmermann. Sein berühmtestes Werk zieht jährlich tausende Besucher an, er hat die Kirche mitten in die Wiese gebaut, weswegen sie auch die „Wies" genannt wird. An ihr werden Sie auf dem Weg nach Füssen noch vorbeikommen.

Von Landsberg nach Füssen

86,2 km

Im vierten und letzten Abschnitt tauchen Sie hinter Landsberg am Lech in den Pfaffenwinkel ein, dessen Name sich von der etwas salop-pen Bezeichnung für „Pfarrer" ableitet. Zahlreiche Kirchen und Klöster im bayrischen Barock- und Rokokostil durchziehen die liebliche Landschaft, stolz ragen die Zwiebeltürme in den weiß-blauen Himmel. Das berühmteste all dieser Gotteshäuser ist die Wieskirche, an der die Romantische Straße direkt vorbeiführt. Die Landschaft verändert sich, das platte Land des Lechfelds geht langsam in das hügelige Voralpenland über, das Ackerland verschwindet allmählich und grünes Weideland prägt zunehmend das Landschaftsbild.

Sie radeln durch die hügelige Moränenlandschaft immer näher an die Alpen heran. Am Fuße der märchenhaften Königsschlösser können Sie am Ende Ihrer Reise einen Ausflug um den Forggensee unternehmen.

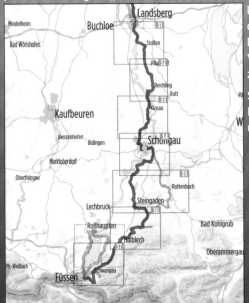

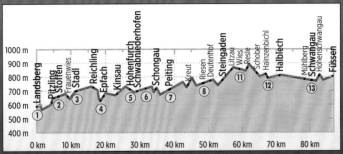

Von Landsberg nach Altenstadt — 31,7 km

Vom Hauptplatz aus radeln Sie nach Süden auf die Karolinenbrücke zu, **1** biegen aber noch davor in ein kleines Gässchen, das **Klösterl** heißt ~ durch das Gelände eines **Wildparks**, das sich südlich der Stadt entlang des Lechs erstreckt, geht's dahin.

ACHTUNG Achten Sie bitte genau auf die Markierung da hier auch der Wanderweg mit steilen Steigungen und Treppen durch das Gelände führt.

Alsbald finden Sie sich am Lech wieder ~ der schattige Waldweg bringt Sie auf Ihrem Weg nach Pitzling zur **Teufelsküche**, einem freundlichen Biergarten.

Pitzling

Bei der Kirche in Pitzling folgen Sie der **Stoffener Straße**, Sie halten sich immer links ~ das Tal des Lech verlassen ~ weiter auf eine Hochebene hinauf **2** in Stoffen rechts auf die Hauptstraße.

Stoffen

Am Ortsende von Stoffen tauchen Sie dann in das sanfte Hügelland mit seinem Fleckerlteppich aus Feldern, Wäldern und Wiesen ein

~ wenn Sie den Wald hinter sich gelassen haben, steuern Sie direkt auf **Stadl** zu und folgen im Ort der Beschilderung rechtsherum nach Mundraching ~ am Ortsende beachten Sie die Schilder nach Mundraching nicht mehr und radeln **3** geradeaus über die Kreuzung weiter nach Vilgertshofen.

Vilgertshofen

Bei der Kirche von Vilgertshofen rechts Richtung Reichling ~ gleich danach noch einmal rechts, immer tiefer in den bayerischen Pfaffenwinkel hinein.

Reichling

Auch in Reichling steuern Sie auf die in Weiß-Rot gehaltene Kirche zu, Sie radeln an ihr vorbei und folgen der Straße nach Schongau und Epfach.

ACHTUNG Gleich hinter Reichling brausen Sie ins Lechtal hinunter, aber geben Sie Acht, denn die Straße weist ein Gefälle von 13% und enge Haarnadelkurven auf, daher

AndersRum (Karte 31 und 32): Von **Reichling** kommend in **Vilgertshofen** zweimal nach links ~ durch **Stadl** geht es weiter nach **Stoffen** ~ hier links von der Hauptstraße weg und nach **Pitzling** ~ rechts halten und am Ufer des Lech nach **Landsberg** ~ über die Gasse **Klösterl** gelangen Sie zum **Hauptplatz**.

sind Vorsicht und gute Bremsen geboten.

4 Über den Lech führt eine Brücke nach Epfach ~ nach der Steigung gelangen Sie an die **Via Claudia**, in die Sie links einbiegen, in Richtung Schongau und Hohenfurch.

Epfach

- 🏛 **Museum Abodiacum**. Via Claudia 16, ☎ 08243/9601-0, ÖZ: tägl. 8-17 Uhr. Hier können Sie sich über die römische Geschichte von Epfach informieren.
- ✳ **Nymphäum**, römisches Brunnenhaus (neben dem Feuerwehrhaus)
- ✳ **Lorenzberg** mit **Lorenzkapelle** und einem freigelegten, vermutlich römischen Brunnen. Der Lorenzberg diente den Römern einst als Militärstützpunkt.

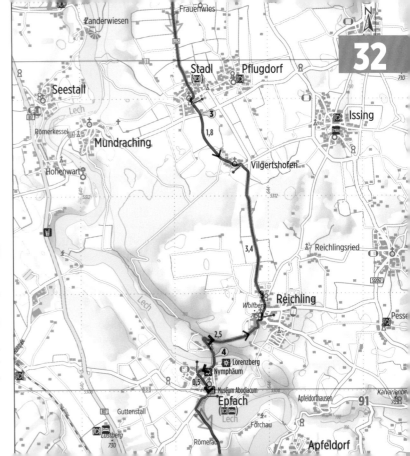

Schongau

Um die Tour fortzusetzen, müssen Sie wieder das Hochufer anstreben, was etwas konditionsraubend ist ⁓ wenn Sie die Höhe erklommen haben, weisen Sie die Schilder in Richtung Kinsau nach links ⁓ in Kinsau links in die **Bahnhofstraße**, um Sie sogleich wieder nach rechts zu verlassen.

Kinsau

Die asphaltierte **Hohenfurcher Straße**, umrahmt und begleitet von saftigem Weideland, nimmt Sie mit sich und führt Sie mit einigen Schlenkern auf Hohenfurch zu ⁓ Sie rollen nach Hohenfurch hinunter und wenden sich an die **Lechstraße** nach rechts.

Hohenfurch

5 An der Straßengabelung rechts in die **Hoheneggstraße** ⁓ nach der Unterführung wenden Sie sich links ⁓ beim Rathaus halten Sie sich rechts und biegen gleich wieder links ab, um den Schönach zu überqueren ⁓ rechts in die **Raiffeisenstraße** ⁓ nun immer entlang des Flüsschens Schönach ⁓ nach den Bahngleisen links auf den unbefestigten Weg ⁓ Sie bleiben immer geradeaus und kommen dann wieder auf eine Asphaltstraße ⁓ an der Vorfahrtsstraße geradeaus auf die **Nördliche Römerstraße** ⁓ an der nächsten Vorfahrtsstraße links und gleich wieder rechts in die **Sonnenstraße**.

Altenstadt

Die romanische Basilika St. Michael gilt als besondere Rarität. Die noch vor dem 12. Jahrhundert erbaute Kirche ist die einzige ursprünglich erhaltene romanische Gewölbebasilika, an der die auf ganz Süddeutschland überschwappende Barockisierung still und heimlich vorübergegangen ist. Grund hierfür war wohl die Tatsache, dass viele Bürger, als der Lech im späten Mittelalter für die Flößerei genutzt wurde, näher zum Lech umsiedelten und eine Stadt gründeten, die heute den Namen Schongau trägt. Das rettete die Kirche als einzige vor den goldenen Verschnörkelungen des Barock.

Von Altenstadt nach Peiting   7 km

6 Links geht es in den **Köllenweg** ⁓ an der Vorfahrtsstraße rechts ⁓ mit schönem Blick auf Schongau fahren Sie auf die **B 472**, die **Marktoberdorfer Straße** zu ⁓ links einbiegen ⁓ den Berg hinunter und rechts Richtung **Lechsporthalle** und **Stadion** ⁓ dann gleich wieder links in die Einbahnstraße ⁓ geradeaus auf einer Anliegerstraße sehr steil hinauf in die Stadtmitte ⁓ oben angelangt wenden Sie sich rechts ⁓ es folgt dann auf der **Lechtorstraße** ein Linksbogen, linker Hand liegt das Zentrum von Schongau.

Schongau
PLZ: 86956; Vorwahl: 08861

🛈 **Tourist Information Schongau**, Münztr. 1-3, 📞 214-181, www.schongau.de

🏛 **Stadtmuseum**, Christophstr. 55-57, 📞 254605, ÖZ: Mi, Sa, So/Fei 14-17 Uhr. Thema: Dokumente zur Stadtgeschichte

⛪ **Stadtpfarrkirche Mariä Himmelfahrt**, 📞 71712, ÖZ: 7.30-17.30 Uhr, Barockkirche mit Werken von D. Zimmermann, F. X. Schmuzer, M. Günther und andere

AndersRum (Karte 33): Ab **Altenstadt** nehmen Sie dort vom **Köllenweg** kommend die **Sonnenstraße** nach rechts ➔ an der Vorfahrtsstraße links und dann wieder rechts ➔ der Straße folgen ➔ auf einem unbefestigten Weg die Gleise überqueren und nach **Hohenfurch** ➔ über die **Raiffeisenstraße** und die **Hoheneckstraße** in die **Lechstraße** und die Ortschaft verlassen ➔ weiter nach **Kinsau** ➔ dort die Bahnhofstraße links versetzt überqueren und über **Epfach** und den Lech nach **Reichling**.

- ❀ **Altstadt** mit einer vollständigen Stadtmauer, Türmen, Toren und einem begehbaren Wehrgang
- ❀ **Führungen in Schongau und im Pfaffenwinkel**, Infos bei der Tourist Information.
- 🔧 **Erhart's Bike-Shop**, Kiem-Pauli-Str. 2, ✆ 9336326

Eigentlich wurde die Stadt Schongau einst in der Lechebene gegründet, dort liegt das heutige Altenstadt an der ehemaligen Römerstraße. Aus wirtschaftlichen Gründen wurde im 13. Jahrhundert, direkt am Knotenpunkt der Salzstraße (Berchtesgadener Land-Allgäu-Oberrhein) mit der Fernhandelsstraße von Verona nach Augsburg eine neue Siedlung angelegt: Schongau, umgeben von einer Befestigung. Hauptgrund für die Neugründung nahe des Lechufers, auf einem geschützten Umlaufberg des Urlech, war die steigende Bedeutung

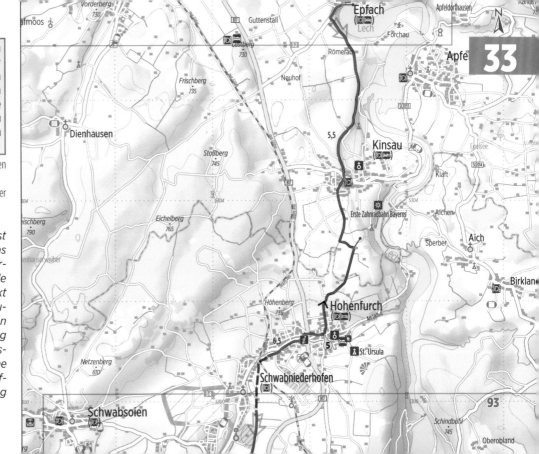

des Lechs als Wasserstraße für die Flößerei. Auch heute noch zeugt die gut erhaltene Altstadt mit der nahezu vollständigen Stadtmauer von der einst blühenden Handelsstadt am Lechufer. Gut erhalten ist die Stadtmauer mit Wehrgängen, Türmen und Toren, größtenteils noch aus dem 15. Jahrhundert. Die Blütezeit der Stadt, die im Jahre 1268 unter wittelsbachische Herrschaft gelangte, hielt über zweihundert Jahre an. Die einstige Größe Schongaus ist auch an der gotisch anmutenden Marktstraße sowie an dem markanten Ballenhaus, dem Lager- und Rathaus, zu erkennen.

Ein Juwel ist die prachtvoll ausgestattete Stadtpfarrkirche Mariae Himmelfahrt, die vom berühmten Wiesbaumeister Dominikus Zimmermann stuckiert wurde. Als ältestes christliches Gotteshaus auf dem Hügel der neu gegründeten Stadt Schongau wird die Pfarrei bereits 1253 erwähnt. Der Oberhofbaumeister

Schongau

Johann Baptist Gunetzsrhainer ließ 1752-53 einen tonnengewölbten Wandpfeilersaal mit eingezogenem Chor und vier Seitenkapellen ausführen. Das theologische Hauptthema der Kirche ist das Leben Mariens. Franz Xaver Schmädl, einer der bedeutenden Bildhauer der Region schuf den Hochaltar. Der heute als Volksaltar dienende romanische Altar ist der Uraltar des ersten Kirchenbaus und damit für den süddeutschen Raum einzigartig. Matthäus Günther, der Maler des Paffenwinkels, hatte den Auftrag, die Fresken anzufertigen, die ihm meisterhaft gelungen sind. Bemerkenswert sind die Zunftstangen die kunstvoll gearbeitet die einzelnen Handwerkszünfte mit ihren Heiligen zeigen. So findet der Besucher z.B. die Zunftstangen der Schreiner, Schuhmacher, Bierbauer, Bäcker und Wagner in der Kirche. Sehenswert ist auch das Stadtmuseum Schongau in der ehemaligen Erasmuskirche aus dem

Jahr 1445. Gut ausgestattete Sammlungen zur Stadtgeschichte, regionale Bodenfunde aus zwei Jahrtausenden und Zeugnisse der Volksfrömmigkeit sind zu besichtigen.

Sie umrunden das Stadtzentrum auf der **Lechtorstraße** und auf der **Karmeliterstraße** ~ auf Höhe der **Weinstraße** fahren Sie rechts hinunter in das Parkgelände ~ durch das Tor und im spitzen Winkel rechts ~ steil den Hang hinunter ~ bei der Stopptafel rechts ~ Sie folgen dem Hauptstraßenverlauf auf dem straßenbegleitenden Radweg über die Gleise ~ weiter entlang der Bundesstraße kräftig bergauf nach Peiting.

Peiting

PLZ: 86971; Vorwahl: 08861

i **Tourist-Information**, Ammergauer Str. 2, *C* 6535, www.peiting.de

VARIANTE Zwischen Peiting und der Wieskirche können Sie zwischen zwei Varianten wählen. Die lechnähere Streckenführung verläuft auf kleinen Straßen durch hügeliges Land nach Steingaden. Die andere Route führt über Rottenbuch und Wildsteig zur Wieskirche. Beim Linksbogen der Hauptstraße in Peiting teilen sich die beiden Routen.

AndersRum (Karte 34): In **Peiting** von der B 17 kommend links auf den Radweg und auf diesem bis **Schongau** ∼ der Ausschilderung durch den Ort folgen ∼ nach der Kirche rechts und nach **Altenstadt**.

Von Peiting zur Wieskirche über Steingaden 20,3 km

7 An der Straßengabelung, an der es links Richtung B 472 geht, rechts halten ∼ in der Linkskurve der Hauptstraße rechts ab in die **Obere Straße** ∼ anfangs noch auf der **B 17** weiter ∼ links in die **Bachfeldstraße** ∼ an der ersten Weggabelung nach dem Ort rechts ∼ Sie fahren durch die Unterführung der Vorfahrtsstraße leicht nach links versetzt ∼ weiter nach Kreut ∼ wenn Sie die Schnellstraße hinter sich gelassen haben, gelangen Sie in eine herrliche Hügellandschaft, in der Sie saftige Almwiesen und kleine Wäldchen durchstreifen ∼ die Straße schlängelt sich durch die Landschaft, und Sie erreichen Kreut ∼ an der ersten Weggabelung links ∼ die Straße führt nach Langenried.

Kreut

Hinter Kreut heißt's erst mal wieder kräftig in die Pedale treten ∼ nach einem Kilometer rechts in den Wald ∼ ⚠ nach

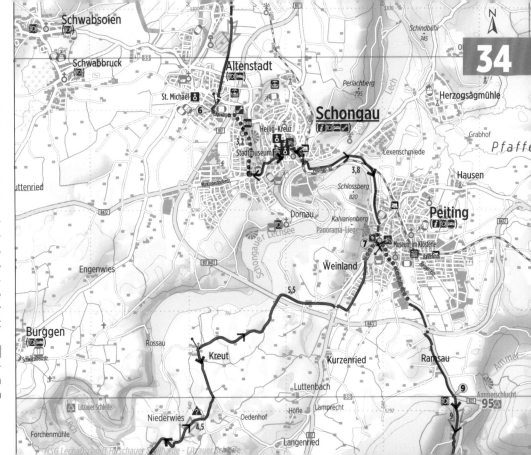

etwa 500 m beim Holzschuppen rechtsherum dem befestigten Weg folgen ⌇ in stetigem Bergab kurven Sie aus dem bewaldeten Gebiet heraus ⌇ am Wegesrand tauchen immer wieder Bauernhöfe mit hübschen Malereien auf, auch an dem mit Schilf umwachsenen **Riesener See** kommen Sie vorbei ⌇ **8** die darauffolgende Kreuzung mag ein wenig verwirrend erscheinen, aber wenn Sie sich leicht links halten und der Beschilderung nach Steingaden folgen, kann nichts schiefgehen ⌇ dem Straßenverlauf folgend erreichen Sie Steingaden.

Die abwechslungsreiche Landschaft beeindruckt mit einem vielfältigen Formenschatz. Zum Teil sind die Böden feucht und sogar moorig, manchmal blitzt ein kleiner See in der Sonne. Schattige kleine Nadelwälder wechseln zu hügeligen Almwiesen, gerade so, als befände man sich schon in den hochgelegenen alpinen Almregionen.

Steingaden

PLZ: 86989; Vorwahl: 08862

ℹ Tourist Information, Krankenhausstr. 1, ✆ 200, www.steingaden.de

8 **Welfenmünster**, von Herzog Welf VI. 1147 gegründete romanische Basilika im alpenländischen Grundriss und mit einer sehenswerten Innenausstattung aus unterschiedlichen Epochen.

In Steingaden begegnet Ihnen die zweite, bedeutende und im romanischen Stil erbaute Kirche Oberbayerns. Nachdem Sie in Altenstadt die Basilika St. Michael bewundert haben, begegnet Ihnen hier die ehemalige Klosterkirche St. Johann Baptist, das „Welfenmünster". Der Bau der Kirche begann im Jahr 1147 und wurde 1176 geweiht, doch blieb sie nicht gänzlich von der Barockisierung verschont. Hier in Steingaden ist der äußere wuchtige romanische Bau erhalten

AndersRum (Karte 35, Ostroute): Von der Ortschaft **Wies** kommend rechts ⌇ rechts auf die Querstraße und dann wieder links ab ⌇ in **Unterhäusern** links ⌇ durch **Wildsteig** und dann links Richtung Morgenbach ⌇ in **Morgenbach** links halten und vorbei am Schwaigsee nach **Schwaig** ⌇ rechts weiter nach **Schönegg** ⌇ am Ende der Ortschaft links und weiter nach **Rottenbuch** ⌇ an der **B 23** links auf den rechtsseitigen Radweg ⌇ an den Häusern von **Moos** vorbei ⌇ unter der Bundesstraße hindurch und entlang dieser - das letzte Stück wieder auf der B 23 - bis nach **Peiting** und zur **B 17**.

AndersRum (Karte 35, Westroute): Von **Wies** kommend links halten nach **Litzau** ⌇ auf der Ortsdurchfahrtsstraße durch **Steingaden** ⌇ noch in der Ortschaft links ab und Steingaden verlassen ⌇ dann rechts, vorbei am **Deutensee** und an Gehöften ⌇ an einer größeren Kreuzung halb rechts Richtung **Riesner See** ⌇ am See vorbei und dem Straßenverlauf nach **Niederwies** ⌇ an der Vorfahrtsstraße nach dem Wald links und nach **Kreuth** ⌇ Kreuth nach rechts verlassen und auf die Bundesstraße **B 472** zu ⌇ die **B 742** überqueren, rechts weiter und unter der **B 17** hindurch ⌇ danach links nach **Peiting** ⌇ in die **Bachfeldstraße** und dann auf die **B 17**.

geblieben, das Innere wurde im Zuge des Baus der Wieskirche auch vergoldet. Diesem ehemaligen Prämonstratenserkloster, das 1147 gegründet wurde, haben wir es zu verdanken, dass im 18. Jahrhundert jenes Meisterwerk des bayerischen Rokoko

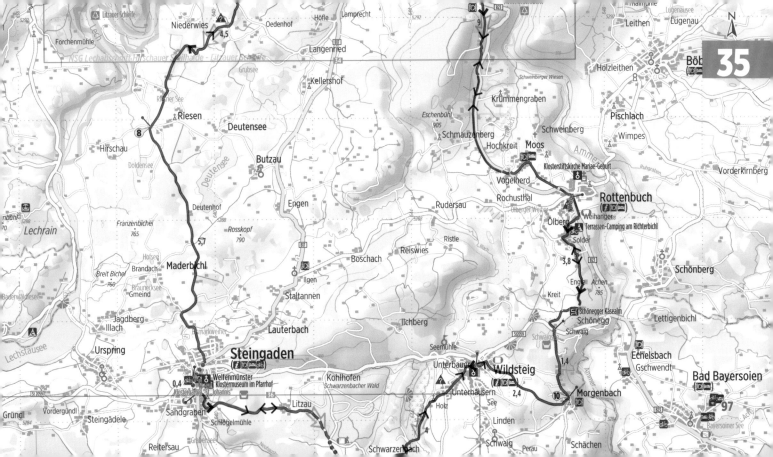

35

Böb

Leithen

Lugenau

Holzleithen

Pischlach

Wimpes

Vorderkirnberg

Schönberg

Lettigenbichl

Echelsbach

Gschwendt

Bad Bayersoien

Bayersoiner See

Thalmühle

Lugenausee

N

Schweinberger Wiesen

Schweinberg

Ruhgraben

Ammer

Rottenbuch

Weihanger

Terrassen-Camping am Richterbichl

Schönegger Käsealm

Schönegg

Schwaig

Schwaigg

S2059

Morgenbach

10

2,4

1,4

Engle

Achen

785

Kreit

Solder

Olberg

3,8

823

Klosterstiftskirche Mariae-Geburt

Moos

Hochkreit

Vogelherd

Rochusthal

Rudersau

Ristle

Olberer Weiher

9

823

Krümmengraben

Schmauzenberg

Eschenbühl

905

Niederwies

4,5

Oedenhof

Höfle

Lamprecht

Langenried

Grubsee

Kellershof

Riesen

8

Deutensee

Butzau

Engen

Illach

87

Boschach

Reiswies

Ilchberg

Staltannen

Lauterbach

Seemühle

Unterbauern

Wildsteig

Unterhäusern

See

Holz

Linden

Schwaig

Perau

Schächen

Hirschau

Doldensee

Deutenge

Deutenhof

5288

Franzenbichel

765

Rosskopf

790

5,7

Maderbichl

Ilgen

Lechrain

nbühl

5288

70

Hofsee

Brandach

Gmeind

Braunecksee

Breit Bichel

760

Baderwaldsee

Jagdberg

Illach

Ursping

Lechstausee

Bismarckweiler

Steingaden

0,4

Klostergarten

Welfenmünster
Klostermuseum im Pfarrhof
Johannis

Kohlhofen

Schwarzenbacher Wald

Sandgraben

Schlögelmühle

3,6

Litzau

Gmündsee

Neuhauser

Reitersau

Gründl

Vordergündl

Steingädele

Steingaden

S2059

5284

Schwarzenbach

Schwaig

Litzauer Schleife

Forchenmühle

NSG Lechauschnitt Schauer Felllhalde - Litzauer Bö...

errichtet wurde, das so viele bewundern. Von hier gingen die Impulse zum Bau der Wieskirche aus.

VARIANTE: Um Steingaden zu verlassen, besteht die Möglichkeit, auf der Hauptstraße fast bis zum Ortsende zu fahren und direkt vor der Raiffeisenbank links abzuzweigen. Oder aber Sie wenden sich, wenn Sie vor dem Welfenmünster stehen, nach rechts und fahren solange geradeaus, bis Sie anstoßen. Wenn Sie sich hier nach links wenden, befinden Sie sich genauso auf der Straße nach Litzau und Wies. Das erste Stück auf dem Weg nach Litzau ist recht beschwerlich und steil ~ danach geht es zwar immer noch bergauf, doch längst nicht mehr so steil wie zu Beginn.

Litzau

Ab Litzau setzen Sie die Fahrt auf einer für den allgemeinen Verkehr gesperrten Forststraße fort, die durch ein Naturschutzgebiet führt ~ wenn sich diesmal der Wald lichtet, weichen die Bäume für den Anblick des berühmtesten Gotteshauses in Bayern zurück, die Wieskirche taucht vor Ihnen auf.

Wies

Von Peiting zur Wieskirche über Rottenbuch 20,6 km

In Peiting folgen Sie dem Linksbogen der **B 23** durch die Ortschaft ~ am Ortsende beginnt auf der rechten Seite ein Radweg ~ **9** beim Gasthof vom Radweg rechts auf eine kleine Straße ~ steil hinauf in den Wald ~ nach dem Haus wieder hinunter zur Bundesstraße ~ beim Parkplatz wieder auf einen Radweg ~ der Radweg geht kurzfristig in die Straße **Voglherd** über und wird dann wieder zum Radweg ~ dann links durch eine Röhre unter der Bundesstraße hindurch.

Auf der anderen Seite rechts weiter ~ Sie durchfahren die Häuser von **Moos** ~ dann wieder auf einem Radweg unter der Bundesstraße hindurch ~ ⚠ in Rottenbuch mit dem Fahrrad durch eine Fußgängerunterführung unter der Bundesstraße hindurch, Sie können hier natürlich auch die Straße ganz normal mit ein bisschen Vorsicht queren.

Rottenbuch

PLZ: 82401; Vorwahl: 08867

ℹ Tourist-Information, Klosterhof 42, ☏ 911018, www.rottenbuch.de

Das Augustiner-Chorherrenstift zu Rottenbuch wurde 1073 von Herzog Welf I. gegründet. Vom ursprünglichen Stift ist allerdings nur noch die Kirche Mariä Geburt erhalten. In dieser prachtvollen, im Rokoko erbauten Kirche, arbeiteten viele bekannte Künstler der vergangenen Jahrhunderte.

So zum Beispiel Vater und Sohn Schmuzer gemeinsam mit dem Maler Matthäus Günther (ab 1738). Oder Franz Xaver Schmädl, der von 1740 bis 1747 den berühmten Hochalter und einige entzückende Engel schuf.

Von Rottenbuch aus fahren Sie weiter auf dem Radweg links der Bundesstraße ~ gegen Ortsende beim Radwegende rechts über die B 23 in die Straße **Solder** ~ an der Querstraße links ~ steil bergauf und dann links in die **Haldenberger Straße** ~ bei den letzten Häusern links halten Richtung Engle ~ bei einigen Häusern rechtsherum Richtung Schönegg ~ es geht bergauf ~ ⚠ bei einem Hof geht es dann auf einem unbefestigten Fahrweg weiter (kein Schild) ~ steil bergauf ~ wieder auf Asphalt halten Sie sich rechts ~ an der Straßengabelung erneut rechts ~ Sie passieren die Häuser von **Schönegg** ~ dem

Straßenverlauf folgen und auf die stärker befahrene Steingadener Straße (St2059) zu ⁓ die Straße queren und über **Schleifmühle** weiter nach **Morgenbach** 10 in Morgenbach rechts halten Richtung Wildsteig ⁓ in Wildsteig links zur Ortsmitte ⁓ es geht hinunter, Sie folgen dabei dem Rechtsbogen der Straße.

Wildsteig

PLZ: 82409; Vorwahl: 08867

🛈 **Tourist-Information**, Kirchbergstr. 20a, ☎ 912400, www.wildsteig.de

Auf der Vorfahrtsstraße links in den **Oberfeldweg** und dann links in die **Riedstraße** ⁓ geradeaus an einem Gasthof vorbei ⁓ es geht bergab ⁓ links steil hinauf ⁓ dem Straßenverlauf folgen ⁓ nach der Tourist-Info wieder bergab ⁓ geradeaus am **Wiesweg** entlang ⁓ abbiegen Richtung Holz ⁓ nach den Häusern weiter auf einem asphaltierten Wirtschaftsweg ⁓ ⚠ an der Verzweigung von Wegen – vier Stück an der Zahl – nehmen Sie den zweiten von links steil bergauf ⁓ an der nächsten Querstraße rechts ⁓ an der nächsten Abzweigung links nach Wies ⁓ auf dieser Straße kommen Sie dann bald zur

Wieskirche wo sich die beiden Hauptrouten wieder treffen.

Wies

Endlich stehen Sie vor dieser Kirche, der Wieskirche, die schon beinahe als kleines Weltwunder gilt. Ein Wunder war es auch, das zum Bau dieses Kunstwerkes geführt hat:

Es wird von der Wieshof-Bäuerin, der Maria Lory, erzählt, die sich ahnungslos eine Holzplastik des gegeißelten Heilands aus Steingaden mit nach Hause brachte. Eines Abends – es war ein milder Juniabend des Jahres 1738 – als sie wie üblich zu dem heiligen Bildnis betete, geschah das Unglaubliche: Der Passionsfigur standen echte Tränen in den Augen.

Seit diesem Ereignis war es mit der Ruhe und dem Frieden auf dem Wieshof vorüber, der Strom der Wallfahrenden begann in dem Moment zu fließen, als sich diese Nachricht unter den Gläubigen herumsprach. Die kleine Kapelle, die in aller Eile aufgebaut wurde, um die Bedürfnisse der Pilger zu befriedigen, platzte schon bald aus allen Nähten, und so beschloss der Abt von Steingaden, eine richtige Wallfahrtskirche bauen zu lassen. Bald schon machte sich der damals wohl berühmteste Künstler seiner Zeit, das Multitalent Dominikus Zimmermann, als Baumeister ans Werk. Dominikus war also der Architekt, sein Bruder Johann Baptist widmete sich der Malerei.

Die Themenstellung sah folgendermaßen aus: es sollte eine Bußkirche werden, die die Barmherzigkeit Jesu auszudrücken vermochte. Dieses Grundthema scheint recht wenig in jener Heiterkeit zum Ausdruck zu kommen, die einem im Innern der Kirche empfängt. Diese goldene Verspieltheit, ist sie vereinbar mit den Leiden des Christus am Kreuz? Aber ja, denn im christlichen Sinn sind Opfer und Askese positive und helle Eigenschaften, und das Kreuz bringt den Menschen die Erlösung und das Licht. Und genau das Licht ist ein wichtiges Moment in diesem barocken Kunstwerk. Die nicht verdunkelten Fenster lassen die Sonnenstrahlen ungehindert eindringen in diesen freundlichen Raum, der beinahe einem Festsaal gleicht.

Von Wies nach Füssen   27,2 km

11 Wenn Sie sich von dem Glanz der Wallfahrtskirche losgerissen haben, geht's unterhalb der Wies geradeaus weiter ↝ es trägt Sie ein kleines Sträßlein in einen schattigen Nadelwald hinein ↝ an der Weggabelung links nach **Resle** ↝ in ständigem Auf und Ab erreichen Sie ein Gehöft.

Der Hohe Trauchberg erhebt sich vor Ihnen mit der beachtlichen Höhe von rund 1.500 Metern. An der Kreuzung, die Sie 500 m nach dem Resle-Hof erreichen, wenden Sie sich rechts und radeln nun parallel zu diesem Höhenzug nach Trauchgau ↝ das nächste Dorf, das Sie auf Ihrer Fahrt durch die Hügellandschaft erreichen, heißt **Schober** ↝ kurz vor der nächsten Ortschaft, **Oberreithen**, im spitzen Winkel links ab.

Wieskirche

Nachdem Sie die Brücke über die Trauchgauer Ach passiert haben, wählen Sie den rechten der beiden Wege ↝ dieses Sträßlein macht einen starken Schlenker nach rechts und führt parallel zur Trauchgauer Ach und am Rande eines schönen Nadelwaldes dahin **12** an der Kreuzung, an der der Asphalt wieder beginnt, fahren Sie immer geradeaus weiter.

TIPP Falls Sie jedoch um Ihr leibliches Wohl besorgt sind, kann Ihnen in der Trauchgauer Almstube geholfen werden, sie liegt etwa 600 m entfernt, Schilder weisen den Weg dorthin.

Durch eine vom Gletscher überformte Moränenlandschaft radeln Sie auf die ersten Häuser von Trauchgau zu ↝ rechts halten und Sie erreichen bald das Zentrum des entzückenden Dorfes.

Trauchgau

🏛 **Dorfmuseum**, ÖZ: 1. So im Juli, Do 16-19 Uhr bis Mitte Sept., Führungen von Gruppen nach Vereinbarung. Umfangreiche Sammlung antiker Gegenstände aus diversen Berufsspaten, Haushalt und Alltag.

Auf Höhe der Kirche links in die **Reichenstraße** ↝ Sie kommen zur Bundesstraße und überqueren diese ↝ weiter auf der **Poststraße** ↝ links in den **Flurweg** ↝ an der Vorfahrtsstraße links und gleich wieder rechts ↝ mit einem Linksbogen dann weiter auf der Straße **In der Siedlung** ↝ am **Weidachweg** rechts.

Halblech

Sie verlassen Halblech wieder ↝ es geht über eine Brücke ↝ schnurgerade geht's jetzt gen Süden ↝ dabei lassen Sie **Bayerniederhofen** hinter sich und können nun schon die Schlösser Neuschwanstein und Hohenschwangau in der Ferne erspähen ↝ Sie nähern sich langsam wieder der Bundesstraße, rechts taucht plötzlich eine große Wasserfläche auf, der Bannwaldsee.

AndersRum (Karte 36): In **Halblech** in die Straße **In der Siedlung** dieser 500 m folgen ～ an der Einmündung in die Hauptstraße links ～ nach 100 m rechts ～ geradeaus weiter nach Trauchgau ～ in **Trauchgau** rechts in den **Postweg** ～ die Bundesstraße überqueren und bei der Kirche rechts ～ weiter verwinkelt durch den Ort ～ dem Straßenverlauf weiter Richtung **Oberreithen** folgen ～ vor der Ortschaft rechts ～ durch **Schober** ～ links nach **Resle** ～ weiter durch ein Waldgebiet bis nach **Wies**.

Als erster der zahlreichen, während der Eiszeit entstandenen Seen hier im Allgäu, begrüßt Sie der Bannwaldsee.

Dessen Ufer folgen Sie nun weiter ～ zwischen Bundesstraße und dem Schilfgürtel des Sees eingeschlossen, erreichen Sie den **Campingplatz Bannwaldsee** ～ am Campingplatz entlang und dem Weg über den Graben hinüber folgen ～ von jetzt an können Sie das märchenhafte Bild auf Neuschwanstein bis hinunter nach Füssen genießen ～ nochmals überwinden Sie den Bach und wenden sich nach rechts ～ kurz danach passieren Sie wiederum eine Brücke und radeln jenseits der Mühlbacher Ach immer weiter auf Schwangau zu.

Links von Ihnen erhebt sich vor dem Hintergrund der Alpen die barocke Kirche St. Co-

loman, von den Felswänden dahinter heben sich markant die Märchenschlösser – Hohenschwangau und Neuschwanstein – des Königs Ludwig ab.

König Ludwigs Märchenschlösser

Beide Schlösser, Hohenschwangau und Neuschwanstein, die das Ostallgäuer Seenland überragen, hatten große Bedeutung für den wahrscheinlich meistgeliebten König Bayerns, Ludwig II. Einen Großteil seiner Jugendjahre verbrachte er auf Schloss Hohenschwangau, das ursprünglich auf eine mittelalterliche Burg zurückgeht und von Kronprinz Maximilian 1832 in neugotischem Stil wieder aufgebaut worden ist.

Hier sammelte der Träumer zweifelsohne einige Ideen, die er in seinem prächtigsten Vorhaben, dem Schloss Neuschwanstein, zu verwirklichen suchte. Ludwig war ein Mensch, der zum Regieren nicht geschaffen war und doch mit 18 Jahren, im Jahre 1864, den Thron besteigen musste. Die Beschreibung, die Richard Wagner nach seiner ersten Begegnung mit dem jungen König niederschrieb, mag zutreffend gewesen sein: „Er ist leider so schön

Schloss Neuschwanstein, Schwangau

und geistvoll, seelenvoll und herzlich, dass ich fürchte, sein Leben müsse wie ein Göttertraum zerrinnen."

Gemäß seinem Charakter ließ er seine Regierungsgeschäfte auch recht bald brachliegen und zog sich, obwohl das Volk ihn liebte, in die Einsamkeit der bayerischen Wälder und Berge zurück. Gleichzeitig floh er auch in eine Welt der Träume und des ästhetischen Seins, um der Wirklichkeit und den Menschen zu entkommen.

Gutes Beispiel für solch eine Weltfremdheit ist das Schloss Herrenchiemsee, und zwar der Gedanke, der dahinter steckte. König Ludwig lebte in dem Glauben, ein ebenbürtiger Nachfolger Ludwig XIV. zu sein, und wollte mit Herrenchiemsee ein zweites Versailles schaffen. In seiner Bauwut ließ er opernhafte Schlösser errichten, die ausschließlich für ihn allein bestimmt waren und eher funktionslose Theaterkulissen zu sein schienen.

In Neuschwanstein hatte er schon begonnen, diesen Wahn bis zur Perfektion zu treiben. Der Sängersaal, der den Mittelpunkt des ganzen Schlosses bildet und in dem er Szenen aus dem Tannhäuser von Wagner abbilden ließ, sowie andere Räume, die eher wie orientalische Paläste anmuten, sind Beweis dafür. Diese überaus teuren, Stein gewordenen Träume fielen dem Bayerischen Staat anfangs nicht einmal zu Lasten, da die Kosten aus einem

AndersRum (Karte 37): Vom Zentrum in Füssen kommend auf einem Radweg parallel zur B 17 über den Lech  weiter auf dem Radweg nach **Hohenschwangau** in Hohenschwangau links auf der **Schwangauer Straße** nach **Schwangau**  beim Brunnen rechts  entlang des **Bannwaldsees** und linker Hand der B 17 nach **Bayerniederhofen** und weiter nach **Halblech**.

Fonds zu des Königs persönlicher Verwendung gedeckt wurden.

Sogar Bismarck – wohl sicher nicht aus Uneigennützigkeit – unterstützte Ludwig II. mit Millionenbeträgen. Erst als der König die Staatsfinanzen anzapfte, ließen ihn die Minister plötzlich für verrückt erklären und schafften den Märchenkönig nach Berg an den Starnberger See, wo er auf ungeklärte Weise ums Leben kam.

Schwangau

Vorwahl: 08362; PLZ: 87645

- **Tourist-Information**, Münchener Str. 2, ☎ 81980, www.schwangau.de
- **Schloss Neuschwanstein**, Neuschwansteinstr. 20, ☎ 939880, ÖZ: April-Sept., 9-18 Uhr, Okt.-März, 10-16 Uhr. In den Jahren 1869-86 von König Ludwig II. von Bayern in mittelalterlichem Stil erbaut.
- **Bergsportzentrum Tegelberg**. Lädt ein zum Wander, Klettern und Bergsteigen.

103

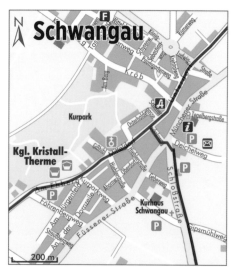

Tegelbergbahn, Tegelbergstr. 33, § 98360. Bringt Sie auf den 1730 m hohen Hausberg hinauf.

Königliche Kristalltherme Schwangau, Am Ehberg 16, ☎ 819631 Beim Dorfbrunnen links.

VARIANTE Wer direkt nach Füssen weiter fahren möchte, radelt beim Dorfbrunnen geradeaus und folgt dem Straßenverlauf durch Horn nach Füssen.

Für die Hauptroute **13** an der B 17 rechts und wieder links auf den Radweg entlang der **Schwangauer Straße** nach Hohenschwangau.

Hohenschwangau

PLZ: 87645; Vorwahl: 08362

🏛 **Museum der bayerischen Könige,** Alpseestr. 27, ☎ 08362/9264640, ÖZ: Okt.-März, 10-17 Uhr, April-Sept., 9-18.30 Uhr. Zeigt die Geschichte der Herrscherdynastie Wittelsbacher.

🏰 **Schloss Hohenschwangau,** Alpseestr. 24, ☎ 887301, ÖZ: April-Sept., 9-18 Uhr, Okt.-März, 10-16 Uhr. Vom Kronprinz Maximilian von Bayern in den Jahren 1832-36 aus der verfallenen Burg Schwanstein im neugotischen Stil wieder aufgebaut.

Nach einem Besuch der Märchenschlösser auf dem Radweg entlang der **Parkstraße** nach Füssen weiter ～ entlang der **B 310** erreichen Sie Füssen ～ im Stadtgebiet endet der Radweg, Sie müssen hier auf die Straße wechseln ～ immer geradeaus bis zum **Kreisverkehr** ～ zum Bahnhof aus dem Kreisverkehr geradeaus weiter.

Füssen

PLZ: 87629, Vorwahl: 08362

ℹ **Tourist-Information,** Kaiser-Maximilian-Pl. 1, ☎ 93850, http://www.fuessen.de/

⚓ **Schifffahrt mit Rad,** Forggensee-Schifffahrt Füssen, ☎ 921363, Große Rundfahrt dreimal am Tag ab Bootshafen Füssen. Halte-

Lechfall in Füssen

stellen: Festspielhaus Füssen, Waltenhofen, Brunnen, Osterreinen, Dietringen, Roßhaupten-Tiefental und Kraftwerk.

🏛 **Museum der Stadt Füssen,** im ehemaligen Benediktinerstift St. Mang, Lechhalde 3, ☎ 903143, ÖZ: April-Okt., Di-So 11-17 Uhr, Nov.-März, Fr-So 13-16 Uhr. Thema: Repräsentative Barockräume, Geschichte Füssens als Zentrum des Lauten- und Geigenbauhandwerks, Füssener Totentanz, romanischer Kreuzgang, Stadt- und Klostergeschichte

🏛 **Staatsgalerie und städtische Gemäldegalerie im Hohen Schloss,** Magnuspl. 10, ☎ 940162, ÖZ: April-Okt., Di-So 11-17 Uhr, Nov.-

März, Fr-So 13-16 Uhr. Thema: Skulpturen und Tafelbilder aus Spätgotik und Renaissance, Münchner Maler des 19. Jhs., Sonderausstellungen

Barockkirche St. Mang, ehemalige Klosterkirche, gegründet im 9. Jh., im 18. Jh. auf romanischen Fundamenten erbaute Barock-Basilika mit Klosteranlage.

Hohes Schloss, ehemalige Sommerresidenz der Fürstbischöfe von Augsburg, spätgotische Illusionsmalereien an den Innenhoffassaden, gotische Decke im Rittersaal

Heilig-Geist-Spitalkirche. Sehenswerte Rokokofassade mit farbenprächtiger Freskierung

Festspielhaus Füssen, ✆ 50770, Konzerte und Theaterveranstaltungen

Walderlebniszentrum Ziegelwies mit **Baumkronenweg**, Tiroler Str. 10, ✆ 08362/93875-50, ÖZ: 1. Mai-31. Okt. tägl. 10-17 Uhr. Die Idee hinter dem Erlebniszentrum ist es, die Natur zwischen Tirol und Bayern auf spannende und aktive Weise grenzenlos zu erleben. Nur einen Kilometer südlich der Altstadt

Multicycle, Abt-Hess-Str. 11, ✆ 739712

Zacherl Rad, Kemptener Str. 26, ✆ 3292

Die romantische Füssener Altstadt mit ihren spätmittelalterlichen Bürgerhäusern, prächtigen Barockkirchen und dem fast italienischen Flair ihrer Plätze und Straßencafés lädt zum Bummeln und Entdecken ein. Ihre Museen und Kunstschätze zeugen von einer mehr als zweitausendjährigen Geschichte. Schon zur Römerzeit bestand hier ein Kastell zur Sicherung der Via Claudia Augusta. Im 8. Jahrhundert errichtete der Wandermönch Magnus, als St. Mang bis heute Stadtpatron, oberhalb des Lechufers eine Mönchszelle, die sich im darauf folgenden Jahrhundert zum Kloster entwickelte. Der mächtige barocke Vierflügelbau wurde nach Plänen von Johann Jakob Herkomer Anfang des 18. Jahrhunderts geschaffen und beherbergt heute das Museum der Stadt Füssen.

Als Umschlagplatz an der Fernhandelsstraße nach Italien entwickelte sich die um 1295 zur Stadt erhobene Siedlung zu einem florierenden Handels- und Handwerkszentrum und erreichte europaweite Bedeutung als Lauten- und Geigenbauzentrum. Stadtherren waren ab 1313 die Augsburger Fürstbischöfe, die das Hohe Schloss als Sommerresidenz nutzten. 1802 wurde die Stadt im Rahmen der Säkularisation bayerisch.

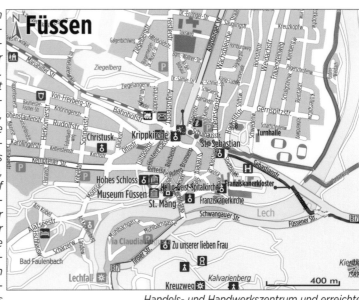

Ausflug Forggensee

Unternehmen Sie einen Radausflug um den Forggensee. Der moderat hügelige, 32 Kilometer lange Radrundweg ist ab Bootshafen Füssen beschildert und bietet einen traumhaften Blick auf die Königsschlösser Neuschwanstein und Hohenschwangau und die Füssener Stadtsilhouette vor dem Alpenpanorama. Wer unterwegs müde wird, kann mit seinem Rad auf eines der Forggenseeschiffe umsteigen und sich zurück nach Füssen schippern lassen (Schifffahrtssaison: 01.06. – 15.10.).

Sie haben nun das Ende Ihrer Radreise erreicht. Wir hoffen, Sie hatten einen erlebnisreichen und interessanten Radurlaub und freuen uns, dass Sie ein *bikeline*-Radtourenbuch als Begleiter gewählt haben.

Das gesamte *bikeline*-Team wünscht Ihnen eine gute Heimreise!

Übernachtungsverzeichnis

Dieses Verzeichnis beinhaltet folgende Übernachtungskategorien:

H	Hotel
Hg	Hotel garni
Gh	Gasthof, Gasthaus
P	Pension, Gästehaus
Pz	Privatzimmer
BB	Bed and Breakfast
Fw	Ferienwohnung (Auswahl)
Bh	Bauernhof
Hh	Heuhotel

Alle mit dem Bett+Bike-Logo (◙) gekennzeichneten Betriebe erfüllen die vom ADFC vorgeschriebenen Mindestkriterien als „Fahrradfreundliche Gastbetriebe" und bieten darüber hinaus so manche Annehmlichkeit für Radfahrer. Detaillierte Informationen finden Sie unter *www.bettundbike.de.*

�🏠	Jugendherberge, -gästehaus
🏕	Campingplatz
🏕	Zeltplatz (Naturlagerplatz)

Die Auflistung erhebt keinen Anspruch auf Vollständigkeit und stellt keine Empfehlung der einzelnen Betriebe dar.

Die römische Zahl (I-VII) nach der Telefonnummer gibt die Preisgruppe des betreffenden Betriebes an. Wir möchten Sie jedoch darauf hinweisen, dass die angegebenen Preiskategorien dem Stand des Erhebungs- bzw. Überarbeitungszeitraumes entsprechen und sich von den tatsächlichen Preisen unterscheiden können. Besonders während Messezeiten, aufgrund von unterschiedlichen Zimmertypen und nicht zuletzt saisonal bedingt sind preisliche Schwankungen möglich. Folgende Unterteilung liegt der Zuordnung zugrunde:

I	unter € 25,-
II	€ 25,- bis € 35,-
III	€ 35,- bis € 50,-
IV	€ 50,- bis € 70,-
V	€ 70,- bis € 100,-
VI	über € 100,-

Die Preisgruppen beziehen sich auf den Preis pro Person in einem Doppelzimmer mit Dusche oder Bad inkl. Frühstück. Übernachtungsbetriebe mit Zimmern ohne Bad oder Dusche, aber mit Etagenbad, sind durch das Symbol ✗ nach der Preisgruppe gekennzeichnet. Fahrradfreundliche Bett+Bike-Betriebe sind mit dem Symbol ◙ gekennzeichnet.

Da wir das Verzeichnis stets aktuell halten, sind wir für Mitteilungen bezüglich Änderungen jeder Art dankbar. Der einfache Eintrag erfolgt für Betriebe natürlich kostenfrei, aus Platzgründen können wir diesen allerdings nicht garantieren.

Würzburg

Vorwahl: 0931

🛈 Tourist Information, Turmg. 11, ✆ 372335

🛈 Tourist Information & Ticket Service im Falkenhaus am Markt, Falkenhaus, Marktpl. 9, ✆ 372398

H Alter Kranen, Kärrnerg. 11, ✆ 35180, IV ◙

H Altstadt, Theaterstr. 7, ✆ 4654621, III

H Best Western Premier Rebstock, Neubaustr. 7, ✆ 30930, V

H Brehm, Stengerstr. 18, ✆ 619950, III

H City Partner Hotel Strauss, Juliusprom. 5, ✆ 30570, III-IV

H Goldenes Fass, Semmelstr. 13, ✆ 45256810, 49, III

H Greifensteiner Hof, Dettelbacherg. 2, ✆ 35170, IV-V

H Maritim, Pleichertorstr. 5, ✆ 30530, V

H Mercure Würzburg am Mainufer, Dreikronenstr. 27, ✆ 41930, III-IV

H Novotel, Eichstr. 2, ✆ 30540, IV

H Poppular, Textorstr. 17, ✆ 322770, III

H Post, Mergentheimer Str. 162-168, ✆ 61510, III-IV

H Residence, Juliuspromenade 1, ✆ 35934340, III-IV

H St. Josef, Semmelstr. 28-30, ✆ 308680, III-IV

H Steinburg, Mittlerer Steinbergweg 100, ✆ 97020, V

H Top Hotel Amberger, Ludwigstr. 17-19, ✆ 35100, IV

H Walfisch, Am Pleidenturm 5, ✆ 35200, IV-V ◙

H Wittelsbacher Höh, Hexenbruchweg 10, ✆ 453040,

III-IV
H Zur Stadt Mainz, Semmelstr. 39, ✆ 53155, IV
H hotel&living, Schweinfurter Str. 1-3, ✆ 359620, IV-V
Hg Am Congress Centrum, Pleichertorstr. 26, ✆ 2307970, IV-V
Hg B&B Hotel, Veitshöchheimer Str. 18, ✆ 250950, III-IV
Hg Barbarossa, Theaterstr. 2, ✆ 32919091, III
Hg Central Hotel Garni, Koellikerstr. 1, ✆ 460884-0, III-IV ◉
Hg City-Hotel Meesenburg, Pleichertorstr. 8, ✆ 46558405, III
Hg Dortmunder Hof, Innerer Graben 22, ✆ 56163, VI-III ◉
Hg Fischzucht, Julius-Echter-Str. 15, ✆ 619870, III-IV ◉
Hg Franziskaner, Franziskanerpl. 2, ✆ 35630, III-IV
Hg Grüner Baum, Zeller Str. 35/37, ✆ 450680, III-V
Hg Ibis, Veitshöchheimer Str. 5b, ✆ 45220, III-IV
Hg Ibis Budget Würzburg Ost , Nürnberger Str. 129, ✆ 2708220, II
Hg Lindleinsmühle, Frankenstr. 15, ✆ 250490, III-IV
Hg Nichtrauch-Hotel Till Eulenspiegel, Sanderstr. 1a, ✆ 355840, IV ◉
Hg Regina, Haugerring 1 / Bahnhofstraße, ✆ 322390, III-IV
Hg Schönleber, Theaterstr. 5, ✆ 3048900, II-IV ◉
Hg Stift Haug, Textorstr. 16-18, ✆ 53393, III
Hg Würzburger Hof, Barbarossapl. 2, ✆ 53814, IV-V
Hg Zum Winzermännle, Domstr. 32, ✆ 54156, III-IV
Gh Hotel-Gasthof Postkutscherl, Waldkugelweg 5,

✆ 781100, III-IV
P Appart Hotel International, Hermann-Schell-Str. 3, ✆ 7840990, I
P Chalet am Steinbachtal, Mergentheimer Str. 76, ✆ 881566, III
P Siegel, Reisgrubeng. 7, ✆ 52941, II 🐾
Ho Babelfish-Hostel, Haugerring 2, ✆ 3040430, II-III ◉
🛏 Jugendherberge Würzburg, Fred-Joseph-Pl. 2, ✆ 4677860, I-II ◉
🏕 Kalte Quelle, Winterhäuser Str. 160, ✆ 65598
🏕 Kanu-Club, Mergentheimer Str. 13b, ✆ 72536

Höchberg
Vorwahl: 0931
H Frankenhof, Hauptstr. 3, ✆ 409091, III ◉
H Lamm, Hauptstr. 76, ✆ 3045630, III ◉

Kist
Vorwahl: 09306
Hg Hotel Garni Waldeck, Am Forst 2, ✆ 90770, II-III

Waldbrunn
Vorwahl: 09306
Gh Waldbrunner Hof, Hauptstr. 20, ✆ 704, I-II

Werbach
Vorwahl: 09341
ℹ Bürgermeisteramt Werbach, Hauptstr. 59, ✆ 92080
Gh Drei Lilien, Hauptstr. 14, ✆ 7586, III
Pz Gästehaus Braun, Liebfrauenbrunnstr. 28, ✆ 898500, 2927, I
Pz Kettner, Liebfrauenbrunnstr. 12

Tauberbischofsheim
Vorwahl: 09341
ℹ Tourist-Information, Marktpl. 8, ✆ 80333, 80313
H Adlerhof, Bahnhofstr. 18, ✆ 9440, III ◉
H Am Brenner, Goethestr. 10, ✆ 92130, III ◉
H Am Schloss, Hauptstr. 56, ✆ 3271, III
H Badischer Hof, Am Sonnenpl., ✆ 9880, II-III
H St. Michael, Stammbergweg 1, ✆ 84950, IV ◉
P Olympiastützpunkt Tauberbischofsheim, Pestalozzi-allee 12, ✆ 80910, III ◉
P Resi Stein, Hauptstr. 67, Zwinger, ✆ 3204, II
Pz Berberich, Herrenmühle 5, ✆ 3543, I
Pz Gehrig, Königheimer Str. 34, ✆ 7755, I-II
Pz Meyer, Königheimer Str. 29, ✆ 1596, 0170/9918509, II
Pz Obst- und Pferdehof Dölzer , Königheimer Str. 85, ✆ 2397, II
Pz Rincker, Klosterg. 3, ✆ 3625, I
Fw Arthur, Gerberg. 5, ✆ 13793, II
Fw Becker, Goethestr. 15, ✆ 8955570, III
Fw Burger, Brennerring 81, ✆ 7259, 0171/9786094, II
Fw Ferienhaus am Brenner, Eichendorffstr. 7, ✆ 92130, III-IV
Fw Hönninger, Burgunderweg 25, ✆ 897774, II
Fw Scheuermann, Grabenweg 11, ✆ 12192, I
Fw Steinbach, Brennerring 64, ✆ 12983, I
Bh Berberich, Höhbergstr. 8, ✆ 61067, 0160/2243391 , II

Hochhausen (Tauberbischofsheim)
Vorwahl: 09341
H Landhotel am Mühlenwörth, Schulg. 9, ✆ 95555, I-II
Fw Münch, Steppersg. 11, ✆ 92400

Fw Schäufler, Flürlein 15, ☎ 12583

Fw Siehr, Flürlein 25, ☎ 5594, I

Impfingen (Tauberbischofsheim)

Vorwahl: 09341

P Stern, Taubertalstr. 3, ☎ 12468, 847385, 0175/9401592, II

Fw Steinbach, Leintalblick 2, ☎ 895648, I

Dittigheim (Tauberbischofsheim)

Vorwahl: 09341

Gh Gasthaus zum Engel, Untere Torstr. 28, ☎ 5177, II

Gh Zum Grünen Baum, Rathauspl. 3-5, ☎ 5162, II

Fw Hellmuth, Untere Torstr. 25, ☎ 2085, I-II

Fw Lang, Untere Torstr. 26, ☎ 7093

Distelhausen (Tauberbischofsheim)

Vorwahl: 09341

Hg Das kleine Amtshotel, Amtstr. 2, ☎ 7888, III ⊚

Lauda-Königshofen

Vorwahl: 09343

🛈 Tourist-Information Lauda-Königshofen, Marktpl. 1, ☎ 501128

Gerlachsheim (Lauda-Königshofen)

Vorwahl: 09343

Gh Zur Sonne, Würzburger Str. 69, ☎ 8179, III

Königshofen (Lauda-Königshofen)

Vorwahl: 09343

H Landhaus Gemmrig, Hauptstr. 68, ☎ 7051, II

Gh Moll's Wirtshaus „Die Rose", Turmbergstr. 9, ☎ 1333, II

P Engel Gästehaus & Café, Amalienstr. 7, ☎ 8660, II

⊚

Pz Gästehaus Bairle, Dekan-Schork-Str. 18, ☎ 58249, I

Pz Mandt, Elsternweg 39, ☎ 4590, I

Pz Murek, An den Spatzenäckern 10, ☎ 1665, I

Pz Schäffner, Alban-Stolz-Str. 8, ☎ 4994, II

Fw Bethäußer, Obere Mauerstr. 5, ☎ 1576, I

Lauda (Lauda-Königshofen)

Vorwahl: 09343

H Am Marktplatz, Maierstr. 1-3, ☎ 974, II

Gh Gasthof Goldener Stern, Pfarrstr. 23, ☎ 1271, II ⊚

Gh Ratskeller Lauda, Josef-Schmitt-Str. 17, ☎ 6000715, II

Pz Roth, Karpatenstr. 6, ☎ 2423

Fw Rebgut, Rebgutstr. 80, ☎ 614700, III ⊚

Beckstein (Lauda-Königshofen)

Vorwahl: 09343

🛈 Heimat- und Verkehrsverein Beckstein, Talwiesenstr. 2, ☎ 5000

H Adler, Weinstr. 24, ☎ 2071, II-III ⊚

H Becksteiner Rebenhof, Am Hummelacker 34-52, ☎ 62780, IV-V ⊚

Hg Weinhotel Benz, Am Nonnenberg 12, ☎ 998, IV-V

⊚

Gh Zur Alten Kelter, Weinstr. 13, ☎ 62370, II

Pz Braun, Geisbergstr. 13, ☎ 4751, I

Pz Michelbach, Am Hummelacker 5, ☎ 4812, I

Pz Mohr, Urbang. 4, ☎ 8686

Pz Schäffner, Talwiesenstr. 24, ☎ 8147, I

Marbach (Lauda-Königshofen)

Vorwahl: 09343

Gh Zum Lamm, St.-Josef-Str. 30-32, ☎ 6154720, II

Pz Schillinger, Am Blösberg 5, ☎ 2523, I-II

Unterbalbach (Lauda-Königshofen)

Vorwahl: 09343

Gh Deutscher Hof, Bgm.-Kolb-Str. 19, ☎ 4500, II

Gh Zum Löwen, Bgm.-Kolb-Str. 14, ☎ 4911, II

Pz Niedermayer, Untere Mühlstr. 22, ☎ 3624, I

Bad Mergentheim

Vorwahl: 07931

🛈 Kurverwaltung Bad Mergentheim GmbH, Lothar-Daiker-Str. 4, ☎ 9650

🛈 Tourist-Information, Marktpl. 1, ☎ 574815

H Alexa, Edelfinger Str. 11-13, ☎ 97270, III-IV ⊚

H Alexander, Wolfgangstr. 4, ☎ 97300, III ⊚

H Alte Münze, Münzg. 12/14, ☎ 5660, III

H Best Western Premier, Lothar-Daiker-Str. 6, ☎ 5390, IV

H Bundschu, Milchlingstr. 24, ☎ 9330, IV

H Central Vital, H.-H.-Ehrler-Pl. 38-40, ☎ 964900, III-IV

H Chiemgau, Igersheimerstr. 58

H Deutschmeister, Ochseng. 7, ☎ 9620, III-IV

H Familotel Granfamissimo, Erlenbachweg 17, ☎ 5990, IV ⊚

H Kippes, Erlenbachweg 14, ☎ 7214, II-III ⊚

H Kurhaus König, Erlenbachweg 21, ☎ 5440, III-IV ⊚

H Victoria, Poststr. 2-4, ☎ 5930, IV-V

H Villa Karlsbad, Edelfinger Str. 6, ☎ 968430, IV

H Wanfried, Edelfinger Str. 7, ☎ 97120, III-IV ⊚

P Gästehaus am Schloss, Frommeng. 12, ☎ 45004, II
P Taubergrund, Edelfinger Str. 36, ☎ 97120, III
P Zeitler, Entengässle 4, ☎ 7425, II 📷
Pz Claudia, Schlossgartenstr. 6, ☎ 3224, II
Pz Eck, Cronbergstr. 20, ☎ 2297, I
Pz Panoramablick, Arkaustr. 12, ☎ 7195
Pz Schick, Dainbacher Weg 9, ☎ 7383, II
Pz Schmitt, Weinsteige 2, ☎ 8834, I
Pz Scholz, Frankenstr. 28, ☎ 2547, II
🏕 Campingplatz Bad Mergentheim, Willinger Tal 1, ☎ 5329394

Edelfingen (Bad Mergentheim)
Vorwahl: 07931
ℹ️ Tourist-Information, Marktpl. 1, ☎ 574815
H Edelfinger Hof, Landstr. 12, ☎ 9580, IV
Pz Eich, Tauberstr. 13, ☎ 8241

Dainbach (Bad Mergentheim)
Vorwahl: 07930
Gh Zum Ross, Lindenpl. 5, ☎ 07931/400, II

Löffelstelzen (Bad Mergentheim)
Vorwahl: 07931
P Marianne, Tatschenweg 4, ☎ 6260, I-II
P Stolz, Hohe Str. 11, ☎ 8588, II

Stuppach (Bad Mergentheim)
Vorwahl: 07931
ℹ️ Tourist-Information, Marktpl. 1, ☎ 574815
Gh Zum Hirschen, Rengershäuser Str. 42, ☎ 3386, II 📷
Gh Zur Rose, Grünewaldstr. 8, ☎ 3304, II 📷

Wachbach (Bad Mergentheim)
Vorwahl: 07931
ℹ️ Tourist-Information, Marktpl. 1, ☎ 574815
Gh Gasthaus Linde , Dorfstr. 118, ☎ 43232, II

Herbsthausen (Bad Mergentheim)
Vorwahl: 07932
ℹ️ Tourist-Information, Marktpl. 1, ☎ 07931/574815
Gh Herbsthäuser Brauerei-Gasthof, Alte Kaiserstr. 28, ☎ 07931/286, I
Pz Gästehaus Seefeldt, Höhestr. 2, ☎ 07931/8593, I

Igersheim
Vorwahl: 07931
ℹ️ Gemeinde Igersheim, Tauberweg 5, ☎ 4970
Gh Heckenwirt, Bad Mergentheimer Str. 26, ☎ 2348, I-II
Gh Pizzeria Appia, Harthäuser Str. 16, ☎ 42509, II-III
Gh Zum Löwen, Goldbachstr. 8, ☎ 2590, II
P Haus Golfblick, Erlenbachtalstr. 24, ☎ 6446, I
Pz Dörr, Odenwaldstr. 4, ☎ 42279, I
Pz Mohr, Burgstr. 30/1, ☎ 3586, I
Pz Weiß, Odenwaldstr. 18, ☎ 43538
Pz Zikan, Th.-Heuss-Str. 7, ☎ 42674
Fw Bräu Ferienwohnung, Alter Graben 4, ☎ 44651
Fw Nörpel, Friedrich-Ebert-Str. 34, ☎ 44228
Fw Rüdenauer, Schlesierstr. 10, ☎ 42698

Markelsheim (Bad Mergentheim)
Vorwahl: 07931
ℹ️ Tourismusverein, Bildstr. 4, ☎ 43179
ℹ️ Tourist-Information, Marktpl. 1, ☎ 574815
H Flair Hotel Weinstube Lochner, Hauptstr. 39, ☎ 9390,
III-IV
H Hotelpension Gästehaus Birgit, Scheuerntorstr. 25, ☎ 90900, III 📷
Gh Deutscher Hof, Tauberbergstr. 8, ☎ 45011, II
Gh Landgasthof Taubertal, Weikersheimer Str. 3, ☎ 90940, III
P Schieser, Scheuerntorstr. 38, ☎ 90320, II 📷
Pz Braun, Helene-Wunderlich-Str. 19, ☎ 41964, I-II
Pz Constanze, Dr.-Hofmann-Str. 18, ☎ 477972, I-II
Pz Gundling, Tauberbergstr. 11, ☎ 43461, II 📷
Pz Hofmann, Klostersteige 19, ☎ 3970, I-II
Pz Jakobshof, Bachg. 3, ☎ 2959
Pz Margret, Knockstr. 5, ☎ 45691, II
Pz Maria, Knockstr. 2, ☎ 41320, I
Pz Marianne, Nonnenstr. 10, ☎ 42213, II
Pz Mittnacht, Nonnenstr. 8, ☎ 45390, I-II
Pz Olkus, Konrad-Seifritz-Str. 5, ☎ 43799, II
Pz Peppel, Rathausg. 2, ☎ 45953, II
Pz Zeller, Erich-Riehle-Str. 13, ☎ 477394, I

Elpersheim (Weikersheim)
Vorwahl: 07934
Gh Zum Löwen, Deutschordenstr. 30, ☎ 990445, I
Fw Hein, Wallgraben 33, ☎ 242, I
Fw Schwarz, Tempelg. 22, ☎ 1359

Weikersheim
Vorwahl: 07934
ℹ️ Tourist-Information, Marktpl. 7, ☎ 10255
H Deutschherren Stuben, Marktpl. 9, ☎ 8376, III
H Laurentius, Marktpl. 5, ☎ 91080, IV-V
Hg Frankenstüble, Wolfgangstr. 6, ☎ 400, III

Gh Krone, Hauptstr. 24, ☎ 8314, III 📷
Pz Barthelmeh, Lessingstr. 33, ☎ 8763, I
Pz Bschaden, Meisenweg 29, ☎ 8968, I
Pz Hartung, Kanalstr. 23, ☎ 990030, II
Pz Haus Gutekunst, Lerchenweg 4, ☎ 247, I-II 📷
Pz Lehr, Laudenbacher Str. 34, ☎ 7430, I
Pz Moll, Schadenbergstr. 8, ☎ 8814, I
Pz Pelkmann, Bismarckstr. 14, ☎ 0170/7290459, I
Pz Schönle, Hauptstr. 30, ☎ 8604, 0160/90248707 , I-II
Fw Alberth, Hirtenstr. 1, ☎ 993420, 0151/16556038 , I-II
Fw Guttroff, Lessingstr. 10, ☎ 7630, I
Fw Kämmler, Eichendorffstr. 15, ☎ 8532, II
Fw Mayer, Hauptstr. 3/1, ☎ 8633, 0160/4913445 , II
Fw Staudt, Kronenstr. 10, ☎ 7957, 0157/79211044 , II
Bh Georgshof, Neubronn 17, ☎ 7251, II
Bh Schmitt/Wolf, Taubermühle 1, ☎ 7769, I
🏠 Gästehaus Logierhaus, Im Heiligen Wöhr 1, ☎ 992940
🏠 Jugendgästehaus, Heiliges Wöhr 1

Tauberrettersheim
Vorwahl: 09338
ℹ️ Gemeindeamt, Judenhof 1, ☎ 462
Gh Krone, Mühlenstr. 6/7, ☎ 412, 99885 , III
Gh Landgasthof zum Hirschen, Mühlenstr. 1, ☎ 322, II-III
Pz Pflüger, Schulstr. 8, ☎ 1261
Fw Diemer, Kirchstr. 10, ☎ 1332, II-III

Röttingen
Vorwahl: 09338
ℹ️ Tourist-Information, Marktpl. 1, ☎ 972855
H Zur Alm, Herrnstr. 20, ☎ 980614, II

P Karl, Strüther Str. 1, ✆ 1418, II
P Weingut Hofmann, Strüther Str. 7, ✆ 9801010, III
Pz Bergold, Mergentheimer Str. 12, ✆ 1084, I
Fw Jakobsturm, Erbseng. 3, ✆ 972857, III
Fw Schaub, Gartenstr. 11, ✆ 389, I
Fw Speidel, Strüther Str. 10, ✆ 1254, I-II
Fw Weingut Engelhardt, Kirchpl. 18, ✆ 993500, II

Bieberehren
Vorwahl: 09338
Fw Kemmer, Hohe Steige 4, ✆ 740, I
Fw Kemmer-Faust, Röttinger Str. 1, ✆ 217, I-II
Fw Sachs, Hohe Steige 26, ✆ 518, I

Klingen (Bieberehren)
Vorwahl: 09338
Gh Zur Romatischen Straße, Klingen 28, ✆ 209, II
P Haus Marlene, Am Berglein 2, ✆ 1212, II
Fw Kordter, Klingen 20, ✆ 1899, I

Creglingen
Vorwahl: 07933
🛈 Tourist-Information, Bad Mergentheimer Str. 14, ✆ 631
Gh Grüner Baum, Torstr. 20, ✆ 618, II
Gh Herrgottstal, Herrgottstal 13, ✆ 518, II
Gh Zur Linde, Schonach 10, ✆ 7827, I
Pz Gästehaus Rose, Klingener Str. 47, ✆ 7818, I
Pz Haus Klee, Sudetenstr. 30, ✆ 659, II
Fw Am Turm, Neue Str. 28, ✆ 7195, I
Hh Ferienpension Heuhotel, Weidenhof 1, ✆ 378, II-III
🏠 Jugendherberge Creglingen, Erdbacher Str. 30,

Münster (Creglingen)
Vorwahl: 07933
🏕 Romantische Straße, Münster 67, ✆ 20289

Archshofen (Creglingen)
Vorwahl: 07933
Gh Holdermühle, Archshofen 108, Am Radweg, ✆ 912317, I-II
Pz Blechschmidt, Archshofen 85, ✆ 7891, I
Fw Fesseler, Archshofen 42, ✆ 71001, II

Craintal (Creglingen)
Vorwahl: 07933
Gh Ferienhaus Pfeiferhans, Craintal 7, ✆ 91010, II
Gh Zur Post, Craintal 9, ✆ 422, I-II

Landhaus
Zum Falken ★★★
Lars Zwick, Tauberzell 41, 91587 Tauberzell
Tel.: 09865/941940, Fax: 09865/9419426
info@landhaus-zum-falken.de
www.landhaus-zum-falken.de

• Romantisches Landhaus aus dem 17. Jahrhundert
• Direkt am Radweg zwischen Creglingen und Rothenburg • Vorzügliche fränkische Schmankerl, Wein- und Schnapsspezialitäten • Heimelige Gaststube
• Ruhige, komfortable Gästezimmer mit Du, WC, TV und Telefon • Fahrradgarage

---

Pz Rosen und Ferienhaus Metzger, Craintal 69, ✆ 7201, I

Tauberzell (Adelshofen)
Vorwahl: 09865
H Landhaus Zum Falken, Tauberzell 41, Adelshofen, ✆ 941940, III
Fw Ferienwohnungen Christel Knorr, Tauberzell 40, ✆ 582, II
Fw Krauß, Tauberzell 8, ✆ 07933/7003330, III

Tauberscheckenbach (Adelshofen)
Vorwahl: 09865
Pz Privathaus Holzinger, Tauberscheckenbach 3, ✆ 1880, I-II

Bettwar (Steinsfeld)
Vorwahl: 09861
Gh Alte Schreinerei, An der Romantischen Str., ✆ 1541, II
Gh Schwarzer Adler, Bettwar 1, ✆ 4516, I

Rothenburg ob der Tauber
Vorwahl: 09861
🛈 Tourismus Service, Marktpl. 1, ✆ 404-800
H Altes Brauhaus, Wengg. 24, ✆ 9780, III-V
H Altfränkische Weinstuben, Klosterhof 7, ✆ 6404, II-III
H Am Siebersturm, Spitalg. 6, ✆ 3355, II-III
H Bezold, Vorm Würzburger Tor 11, ✆ 94760, III-IV
H BurgGartenpalais, Herrng. 26, ✆ 8747430, IV-V
H City Partner Hotel Merian, Ansbacher Str. 42, ✆ 87590, III-IV
H Eisenhut, Herrng. 3-5/7, ✆ 7050, IV-V
H Flairhotel Reichsküchenmeister, Kirchpl. 8, ✆ 9700,

III-IV
H Frei, Galgeng. 39, ✆ 5006, III-IV
H Glocke, Plönlein 1, ✆ 958990, III-IV
H Goldener Hirsch, Untere Schmiedg. 16, ✆ 874990, III-IV
H Goldenes Fass, Ansbacher Str. 39, ✆ 94500, III-IV
H Goldenes Lamm, Markt 2, ✆ 6563, II-III
H Gotisches Haus, Herrng. 13, ✆ 2020, IV-V
H Herrnschlösschen, Herrng. 20, ✆ 873890, IV-V
H Klosterstüble, Heringsbronneng. 5, ✆ 938890, III-IV
H Linde, Vorm Würzburger Tor 12, ✆ 94690, II-III
H Markusturm, Röderg. 1, ✆ 94280, IV-V
H Prinzhotel, Hofstatt 3, ✆ 9750, IV-V
H Rappen, Vorm Würzburger Tor 6 u. 10, ✆ 95710, II-V

H Zapf Wörnitzquelle, Dombühlerstr. 9, ☎ 5029, II-III ⊚

Gh Adler, Am Markt 8, ☎ 1411, II-III

Gh Flair Hotel Gasthof „Die Post"+FH am Ilsensee, Rothenburger Str. 1, ☎ 9500, II-III ⊚

Pz Anselstetter, Elisabethenstr. 33, ☎ 5933, I

Bh Hufnagel-Brinkmann, Thiergartenhof 1, ☎ 7321

⛺ Campingplatz Frankenhöhe, Fischhaus 2, ☎ 5111 ⊚

Fischhaus (Schillingsfürst)
Vorwahl: 09868

P Gisela, Fischhaus 1, ☎ 334

Feuchtwangen
Vorwahl: 09852

🄘 Tourist Information, Marktpl. 1, ☎ 90455

H Ambiente, Dinkelsbühler Str. 2, ☎ 67640, III

H Gasthof Lamm, Marktpl. 5, ☎ 2500, III-IV

H Romantik-Hotel Greifen-Post, Marktpl. 8, ☎ 6800, IV-V

Gh Gasthaus Schöllmann, Ringstr. 54, ☎ 2960, III ⊚

Gh Gasthaus Sindel-Buckel mit Karpfenhotel, Spitalstr 28, ☎ 2594, II-III ⊚

Gh Gasthof Wilder Mann, Alter Ansbacher Berg 2, ☎ 719, III ⊚

Gh Landgasthof „zur Tenne", Bernau 3, ☎ 2438, II

Gh Platamon, Ringstr. 74, ☎ 703335, 610861, III

Gh Walkmühle, Walkmühle 1, ☎ 67999-0, III ⊚

Gh Zum Ross, Dorfgütingen 37, ☎ 67430, II-III

P Krobshäuser Mühle, Krobshäuser Mühle 1, ☎ 2489, II ⊚

P Zur Linde, Vorderbreitenthann 122, ☎ 4789, II

🄘 Jugendherberge Feuchtwangen, Dr.-Hans-Güthlein-Weg 1, ☎ 670990 ⊚

Thürnhofen (Feuchtwangen)
Vorwahl: 09852

Gh Zum Grünen Wald, Thürnhofen 28, ☎ 09855/97970, II

Wehlmäusel (Feuchtwangen)
Vorwahl: 09856

Gh Am Forst, Wehlmäusel 7, ☎ 514, I-II

Schopfloch
Vorwahl: 09857

P Pension Masurek, Bennostr. 18, ☎ 216, II

Dinkelsbühl
Vorwahl: 09851

🄘 Touristik Service, Altrathauspl. 14, ☎ 902440

H Blauer Hecht, Schweinemarkt 1, ☎ 5810, III

H Deutsches Haus, Weinmarkt 3, ☎ 6058, III-IV

H Dinkelsbühler Kunst-Stuben, Segringer Str. 52, ☎ 6750, II

H Eisenkrug, Dr.-Martin-Luther-Str. 1, ☎ 57700, II-III

H Flair Hotel Weisses Ross, Steing. 12, ☎ 579890, III-IV

H Goldene Kanne, Segringer Str. 8, ☎ 57290, II-IV

H Goldene Rose, Marktpl. 4, ☎ 57750, III-IV ⊚

H Haus Appelberg , Nördlinger Str. 40, ☎ 582838, III

H Hezelhof, Segringer Str. 7, ☎ 555420, IV-V

H Vital-Hotel Meiser, Weinmarkt 10, ☎ 582900, IV-V

Hg Fränkischer Hof, Nördlinger Str. 10, ☎ 57900, II-III

Hg Georg Marschall-Haus, Russelbergg. 12, ☎ 5899860, II-III

Gh Dinkelsbühler Hof, Ellwanger Str. 5, ☎ 7383, II-III

Gh Goldene Krone, Nördlinger Str. 24, ☎ 2293, II

Gh Goldener Hirsch, Weinmarkt 6, ☎ 2347, II

Gh Goldenes Lamm, Lange G. 26/28, ☎ 2267, II-III

Gh Weib's Brauhaus, Untere Schmiedg. 13, ☎ 579490, II

Gh Zum Goldenen Anker, Untere Schmiedg. 22, ☎ 57800, II-III

Gh Zum Koppen, Segringer Str. 38, ☎ 582350, II

P Baumeisterhaus, Schäfergässlein 4, ☎ 550866, 582648, 0171/935 06 60, II-III

Pz Feurer, Schelbuckring 33, ☎ 582254, I-II

Pz Gockner, Veilchenweg 5, ☎ 3295, II

Pz Marx, Hans-Behringer-Str. 7, ☎ 2962, II

Pz Pechan, Neunmorgenweg 13, ☎ 2641, I

Pz Zollhöfer, Siebenbürgenstr. 14, ☎ 3402, I

Fw Krönert, Guerandestr. 7, ☎ 3141, II

🄘 DCC-Campingpark Romantische Straße, Kobeltsmühle 6, ☎ 7817

🄘 Jugendherberge, Koppeng. 10, ☎ 9509, I

Segringen (Dinkelsbühl)
Vorwahl: 09851

Gh Gasthaus Dollinger, Segringen 49, ☎ 2809

Neustädtlein (Dinkelsbühl)
Vorwahl: 09851

Gh Zur Linde, Neustädtlein 7, ☎ 3465, II

Radwang (Dinkelsbühl)
Vorwahl: 09851

Gh Gasthaus Lindenhof - Pension Seeblick , Rad-

wang 10, ✆ 2365, II

Mönchsroth

Vorwahl: 09853

Gemeinde Mönchsroth, Hauptstr. 2 , ✆ 1634

Gh Gasthof Felsenkeller, Dinkelsbühler Str. 7, ✆ 1624, I-II

P Hutzelhof, Wittenbacher Str. 4, ✆ 1733, II-I

Pz Engelhardt, Hauptstr. 53, ✆ 1726, I

Wilburgstetten

Vorwahl: 09853

Verkehrsamt, Alte Schulstr. 8, ✆ 3800-0

Pz Lausemeyer, Weiltinger Str. 9, ✆ 250

Pz Mayr, Limesstr. 12, ✆ 4377

Fremdingen

Vorwahl: 09086

Gemeinde Fremdingen, Kirchberg 1, ✆ 92003-0

Maihingen

Vorwahl: 09087

Gemeinde Maihingen, Josef-Haas-Str. 2, ✆ 310

Gh Zur Klosterschenke, Klosterhof 6, ✆ 319, I-II

Wallerstein

Vorwahl: 09081

Markt Wallerstein, Weinstr. 19, ✆ 27600

Gh Fürstlicher Keller, Berg 78, ✆ 275909, II

Pz Hueber, Mittelstr. 15, ✆ 7144, I

Nördlingen

Vorwahl: 09081

Tourist-Information, Marktpl. 2, ✆ 84116, 84216

H Am Ring, Bgm.-Reiger-Str. 14, ✆ 290030, III-IV

H Goldene Rose, Baldinger Str. 42, ✆ 86019, II

H Hotel-Cafe-Konditorei Altreuter, Marktpl. 11, ✆ 4319, II

H Kaiserhof Hotel Sonne, Marktpl. 3, ✆ 5067, II-III

H NH Klösterle, Beim Klösterle 1, ✆ 87080, IV

Gh Goldener Schlüssel, Augsburger Str. 24, ✆ 3581, 0160/94573356 , II

Gh Kirchenwirt, Marktpl. 12, ✆ 290120, II

Gh Roter Löwe, Baldinger Str. 44, ✆ 3648, II

Gh Walfisch, Hallg. 15, ✆ 3107, II

Gh Wengers Brettl, Löpsinger Str. 27, ✆ 88282, II

Pz Haus Walkmühle, Kämpelg. 1, ✆ 4527, 0171/5261416, II

JUFA Nördlingen im Ries, Bleichgraben 3a, ✆ 2908390, II-III

Baldingen (Nördlingen)

Vorwahl: 09081

Gh Zum Storchen, Romantische Str. 22, ✆ 3233, II

Mönchsdeggingen

Vorwahl: 09088

Gh Am Buchberg, Albstr. 36, ✆ 700, I-II

Gh Martinsklause, Klosterstr. 6, ✆ 920700, II

Bh Biolandhof Strauß, Ortsteil Ziswingen 21, ✆ 327, II

Harburg

Vorwahl: 09080

Stadtverwaltung Harburg, Schlossstr. 1, ✆ 96990

H Fürstliche Burgschenke, Burgstr. 1, ✆ 1504, II

H Zum Straußen, Marktpl. 2, ✆ 1398, II

Gh Grüner Baum, Oskar-Märker-Str. 2, ✆ 2728, I

Gh Zum Goldenen Lamm, Marktpl. 15, ✆ 1422, II

P Pension Moserhaus , Marktpl. 5 und 7, ✆ 923742, 419, II-III

Ronheim (Harburg)

Vorwahl: 09080

Gh Gemütliche Einkehr, Ronheim 13, ✆ 1260, I-II

Donauwörth

Vorwahl: 0906

Städtische Tourist-Information, Rathausg. 1, ✆ 789151

H Donau, Augsburger Str. 6, ✆ 7006042, III

H Drei Kronen, Bahnhofstr. 25, ✆ 706170, II-IV

H Goldener Greifen, Pflegstr. 15, ✆ 7058260, III-IV

H Posthotel Traube, Kapellstr. 14-16, ✆ 706440, III-IV

H Promenade, Spindeltal 3, ✆ 70593440, III

H Viktoria, Artur-Proeller-Str. 4, ✆ 7057080, III

Gh Buena Vista, Hindenburgstr. 29, ✆ 9998825, II

Gh Goldener Hirsch, Reichsstr. 44, ✆ 3124, III

Gh Zum Bären, Gartenstr. 15, ✆ 9800850, II

P Graf, Zirgesheimer Str. 5, ✆ 5117, II

P Haus Adria, Dillinger Str. 67a, ✆ 3975

P Haus Gertrud, Johannes-Traber-Str. 5, ✆ 5720, II

Pz Heidi, Sonnenstr. 5, ✆ 09090/4344, 0151/17369883

Pz Linder, Ölg. 2, ✆ 0175/2778972, II

BB Bed-Breakfast Werner Jünger, Schützenring 8, ✆ 7057871, 0170/8583226, II

Zeltmöglichkeit beim Kanu-Club, An der Westspange, ✆ 22605, 0174/9086443

Oberndorf am Lech

Vorwahl: 09090

P Am Mühlbach, Fischerstr. 8, ✆ 4396, II

Parkstadt (Donauwörth)

Vorwahl: 0906

H Parkhotel, Sternschanzenstr. 1, ✆ 706510, IV-V

Hg Parkstadt, Andreas-Mayr-Str. 11, ✆ 4039, III

Gh Zum Deutschmeister, Hochbruckerstr. 2, ✆ 8095, III

Zirgesheim (Donauwörth)

Vorwahl: 0906

Hg Mayer, Schenkensteiner Str. 9, ✆ 706690, II

Pz Leberle, Schießerhof 1, ✆ 1323, I-II

Pz Mebes, Lederstätterstr. 6, ✆ 22035, I

Altisheim (Kaisheim)

Vorwahl: 09099

Pz Jung, Hubertusstr. 14, ✆ 1571

Pz Steidle, Donaustr. 34, ✆ 09097/1212

Marxheim

Vorwahl: 09097

Gh Land-Steakhaus Bürger , Bayernstr. 16, ✆ 239, 0171/7576 785 , II

Pz Schütz, Pfalzstr. 10, ✆ 1047

Pz Weigl, Schweinspoint, Am Hang 5, § 288, ✆ 288

Rain

Vorwahl: 09090

Stadt Rain, Hauptstr. 60, ✆ 703-333, 705

H Dehner Blumen Hotel, Bahnhofstr. 19, ✆ 760, III-IV

H Lutz, Hauptstr. 52, ✆ 7057100, III

Hg Mayinger, Hauptstr. 53, ✆ 3521, III-IV

Gh Hotel-Gasthaus Zum Boarn, Hauptstr. 26, ✆ 0909/96010, III

Ellgau
Vorwahl: 08273
Gh Zum Floß, Hauptstr. 22, ☎ 994280
P Wagner, Lechfeldstr. 4, ☎ 2414, I-II
Pz Eberhardt, Hauptstr. 64a, ☎ 2374, I

Biberbach
Vorwahl: 08271
Gh Gasthof Huckerwirt, Am Kirchberg 18, ☎ 2933, II 📷
Gh Magg, Hauptstr. 8, ☎ 2910, II

Langweid am Lech
Vorwahl: 08230
🛈 Gemeinde Langweid a. Lech, Augsburger Str. 20, ☎ 84000
Gh Alex, Gablinger Str. 1, ☎ 0821/544914, I-II
Gh Landhaus Sonnenhof, Augsburger Str. 33, ☎ 840440, II
Gh Sonne, Dillinger Str. 1, ☎ 690975
Gh Wörle, Augsburger Str. 33, ☎ 4635

Gersthofen
Vorwahl: 0821
H Stadthotel Gersthofen, Bahnhofstr. 6, ☎ 4401920, III-IV

Augsburg
Vorwahl: 0821
🛈 Tourist-Information, Rathauspl. 1, ☎ 502070
H Alpenhof Ringhotel, Donauwörther Str. 233, ☎ 42040, IV
H Altstadthotel Augsburg, Kapuzinerg. 6, ☎ 59747370, IV

H Augsburger Hof, Auf dem Kreuz 2, ☎ 343050, IV
H Augusta, Ludwigstr. 2, ☎ 50140, IV
H Bayernstuben, Donauwörther Str. 229, ☎ 45093530, II
H City Hotel Ost Am Kö, Fuggerstr. 4-6 /Königspl., ☎ 502040, IV-V 📷
H Dorint, Imhofstr. 12, ☎ 59740, IV
H Drei Mohren, Maximilianstr. 40, ☎ 50360, V
H Fischertor, Pfärrle 16/18, ☎ 345830, III
H Goldener Falke, Neuhäuserstr. 10, ☎ 411957, III 📷
H IBIS BUDET Augsburg City, Holzbachstr. 2a, ☎ 90898870, II-IV 📷
H Ibis, Hermannstr. 25, ☎ 50310, III
H InterCityHotel, Halderstr. 29, ☎ 50390, IV
H Jakoberhof, Jakoberstr. 41, ☎ 510030, II
H Langemarck, Langemarckstr. 36, ☎ 240930, II-III
H Lochbrunner, Karlstr. 15, ☎ 502120, III
H Quality Hotel Augsburg, Kurt-Schumacher-Str. 6, ☎ 79440, III
H Riegele, Viktoria Str. 4, ☎ 509000, III
H Stadthotel, Gögginger Str. 39, ☎ 578077, III
Hg Am Rathaus, Am Hinteren Perlachberg 1, ☎ 346490, III
Hg Dom Hotel, Frauentorstr. 8, ☎ 343930, III-IV 📷
Hg Georgsrast, Georgenstr. 31, ☎ 502610, II
Hg Ibis beim Hauptbahnhof, Halderstr. 25, ☎ 50160, II
Hg Terratel, Nanette-Streicher-Str. 4, ☎ 906040, III
Gh Bio Hotel Bayerischer Wirt, Neuburger Str. 122, ☎ 7909750, III
Gh Zum Ochsen, Klausenberg 2, ☎ 90679990, II
P Herrenhäuser, Georgenstr. 6, ☎ 3463173,

0171/4292906, II
P Linderhof, Aspernstr. 38, ☎ 713016, II
P Susi, Widderstr. 79, ☎ 701907, I
Pz Spalek, Oberer Feldweg 52, ☎ 83977, I
Ho Übernacht, Karlstr. 4, ☎ 45542828
🏠 Jugendherberge, Unterer Graben 6, ☎ 7808890
⛺ Bella Augusta, Mühlhauserstr. 54b, Autobahnausfahrt Augsburg-Ost,# § 707575

Haunstetten (Augsburg)
Vorwahl: 0821
H Arthotel Ana, Bgm.-Widmeier-Str. 54-56, ☎ 80770, IV

Friedberg
Vorwahl: 0821
🛈 Touristinformation, Marienpl. 5, ☎ 6002611
H Kussmühle, Pappelweg 14, ☎ 267580, III
H Park Ambiente Friedberg, Probststr. 14, ☎ 44823497, III-V
H Zum Brunnen, Bauernbräustr. 4, ☎ 600920, III
Gh Bräureigasthof St. Afra im Felde, Afrastr. 144, ☎ 6089150, IV
Gh Kreisi, Herrgottsruhstr. 18, ☎ 2679000, III
Gh Landgasthof Lindermayr, St. Stefan Str. 53, ☎ 783412, III
P Aphrodite, Stefanstr. 4 1/2, ☎ 4869554, II
P Frey, Münchner Str. 11, ☎ 605061, III
P Hefele, Meringer Str. 9, ☎ 665552, II

Königsbrunn
Vorwahl: 08231
🛈 Kulturbüro, Marktpl. 9, ☎ 606260
🛈 Rathaus, Marktpl. 7, ☎ 6060

H Arkadenhof, Rathausstr. 2, ☎ 96830, III 📷
H Zeller, Bgm.-Wohlfarth-Str. 78, ☎ 9960, III
Hg Königsbrunner Hof, Haunstetter Str. 2, ☎ 5088, III

Kaufering
Vorwahl: 08191
H Rid, Bahnhofstr. 24, ☎ 6580, III
Gh Zur Brücke, Brückenring 1, ☎ 6571180, III-II

Landsberg am Lech
Vorwahl: 08191
🛈 Tourist-Information, Hauptpl. 152, im historischen Rathaus, ☎ 128246, 128245
H Goggl, Hubert von Herkomer Str. 19/20, ☎ 3240, III-IV
H Landsberger Hof, Weilheimer Str. 5, ☎ 32020, II-III

Hg Arcadia, Graf-Zeppelin-Str. 6, ☎ 92900, III-IV
Hg Landhotel Endhart, Erpftinger Str. 19, ☎ 92930, II
Hg Stadthotel Garni Augsburger Hof, Schlosserg. 378,
☎ 969596, III 🖥
Gh Gästehaus Christine, Galgenweg 4, ☎ 5210, III
Gh Schafbräu, Hinterer Anger 338, ☎ 4920, III
Gh Waitzinger Bräu, Waitz. Wiese 2, ☎ 922678, III
Gh Zum Mohren, Hauptpl. 148, ☎ 9694700, III-IV
Pz Göbel, Moosstr. 14, ☎ 50563, I
BB Gästehaus Vortanz, Spitalfeldstr. 22, ☎ 50496,
0176/99153861, III
Bh Arnhard, Schwiftingerstr. 42, ☎ 5146, II
🏕 DCC Campingpark "Romantik am Lech", Pössinger
Au 1, ☎ 47505

Pitzling (Landsberg am Lech)
Vorwahl: 08191
P Aufeld, Aufeldstr. 3, ☎ 94750, III-II

Epfach (Denklingen)
Vorwahl: 08869
Gh Zur Sonne, Sonnenbichl 1, ☎ 911666, II

Kinsau
Vorwahl: 08869
Gh Schlosswirtschaft, Herzogstr. 3, ☎ 921258
Bh Lechtalerhof, Herzogstr. 19, ☎ 9129906,
0178/2384621

Hohenfurch
Vorwahl: 08861
ℹ️ Tourismus-Info, Hauptpl. 7, ☎ 9081798
H Negele, Hauptpl. 2, ☎ 908000, II

P Gästehaus Götz, Bräuweg 1, ☎ 8593, I-II
P Schönach-Hof, Kapellenstr. 22, ☎ 4108, II
Fw Bauernhof Taufratshofer, Alpenblick 11, ☎ 676
Bh Nuscheler, Talhof 1, ☎ 4965, I-II
Bh Ponyhof Kögl, Schongauer Str. 24, ☎ 8108, II

Altenstadt
Vorwahl: 08861
Gh Janser, Burgstr. 2, ☎ 221726, II
Fw Stadler, Niederlandstr. 12, ☎ 3235, II

Schongau
Vorwahl: 08861
ℹ️ Tourist Information Schongau, Münzstr. 1-3, ☎ 214181
ℹ️ Toursimusverband Pfaffenwinkel, Bauerng. 5,
☎ 2113200
H Alte Post, Marienpl. 19, ☎ 23200, III-IV
H Blaue Traube, Münzstr. 10, ☎ 3060, 90329 , III
H Holl, Altenstädter Str. 39, ☎ 23310, III-IV 🖥
Hg Rössle, Christophstr. 49, ☎ 23050, III
Gh Lechwirt, Lechvorstadt 2, ☎ 9091077, I-II
Pz Schwarz, Sonnenstr. 28, ☎ 9093340, II-IV

Peiting
Vorwahl: 08861
ℹ️ Tourist-Information, Ammergauer Str. 2, ☎ 6535
H Alpenhotel Pfaffenwinkel, Am Hauptpl. 10, ☎ 25260,
II-III
H Dragoner, Ammergauer Str. 11, ☎ 25070, II-III
Gh Zechenschenke, Zechenstr. 2, ☎ 68164, 0157 54 80
79 80 , II
Gh Zum Buchberger, Füssener Str. 2, ☎ 6266, II
Gh Zum Keppeler, Hauptpl. 15, ☎ 6201, III

Pz Reisacher, Hauser Str. 22, ☎ 9093436, I 📠
Bh Heiss-Hof, Wankstr. 2, ☎ 6296, I

Rottenbuch
Vorwahl: 08867
ℹ️ Tourist-Information, Klosterhof 42, ☎ 911018
Gh Kunstcafe am Tor, Klosterhof 1, ☎ 921040, II-III 🖥
Pz Schratt, Ziegelfeld 4, ☎ 707, I
🏕 Terrassen-Camping Am Richterbichl, Solder 1,
☎ 1500 🖥

Wildsteig
Vorwahl: 08867
ℹ️ Tourist-Information , Kirchbergstr. 20a, ☎ 912400
Gh Landhotel & Gasthof Zur Post, Kirchbergstr. 43,
☎ 221, III
Gh Zum Strauß, Riedstr. 16, ☎ 372, II
Pz Ferienhof Muselmühle, Steingadener Str. 21,
☎ 913296, II

Unterbauern (Wildsteig)
Vorwahl: 08867
Pz Haus Josef Oswald, Wiesweg 13, ☎ 370, I-II

Steingaden
Vorwahl: 08862
ℹ️ Tourist Information, Krankenhausstr. 1, ☎ 200
Gh Graf, Schongauer Str. 15, ☎ 246, II
Gh Illach, Illach 1, ☎ 516
Gh Klosterbräustüberl, Welfenstr. 10, ☎ 278
Gh Lindenhof, Schongauer Str. 35, ☎ 6011, II
Gh Zur Post, Marktpl. 1, ☎ 203, I
Pz Berta Hartmann, Kreisten 1, ☎ 399, I

Pz Marianne Weiß, Sandgrabener Str. 10, ☎ 360, II
Bh Scholderhof, Wies 8, ☎ 468, II

Trauchgau (Halblech)
Vorwahl: 08368
ℹ️ Gästeinformation, Dorfstr. 18, ☎ 9122222, 285
H Sonnenbichl, Sonnenbichl 1, ☎ 91330, III 🖥
Gh Hirsch, Kirchpl. 2, ☎ 274, III
Gh Post, Steingadener Str. 1, ☎ 505, III
Pz Büchl, Branntweing. 9, ☎ 676, I
Pz Haslach, Kapellenweg 4, ☎ 822
Pz Helmer, Allgäuer Str. 9, ☎ 642, I
Pz Kotz, Oberreithen 2, § 7189, ☎ 7189, II
Pz Kotz, Forellenweg 2, ☎ 1218, I
Pz Krebentitscher, Austr. 17, ☎ 605, II
Pz Romeder, Allgäuer Str. 8, ☎ 656, I

Halblech
Vorwahl: 08368
Gh Sera, Unterreithen 1, ☎ 206, I
Gh Sonne, Leitenweg 1, § 9148990, III, ☎ 9148990, II
Gh Wildbach, In der Siedlung 47, ☎ 378, II
P Driendl, Kapellenweg 31, ☎ 1373, I
P Neumeier, Walter-Böttcher-Str. 5, ☎ 467, I
Pz Filser, Kirchpl. 1, ☎ 347, I
Pz Mitzdorf, Schulweg 2, ☎ 1595, I

Berghof (Halblech)
Vorwahl: 08368
H Alpenblick, Moorbadstr. 21, ☎ 9148990, III
P Alpenland, Falkenstr. 14, ☎ 699, II
Pz Jackson, Illasbergstr. 21, ☎ 940429
Pz Walk, Illasbergstr. 18, ☎ 1773, I

Buching (Halblech)
Vorwahl: 08368

ℹ️ Gästeinformation, Bergstr. 2a, ☎ 285

H Bannwaldsee, Sesselbahnstr. 10, ☎ 9000, IV

Gh Alpchalet Schwanstein, Romantische Str. 16, ☎ 9148090, II-III

Gh Alpengasthof Geiselstein, Füssener Str. 26, ☎ 260, II 📶

P Lift, Leitenweg 1, ☎ 9143077, III

Pz Gößling, Sonnenstr. 6, ☎ 463, I

Pz Krainhöfner, Bergstr. 2, ☎ 222, I

Pz Kurz, Sonnenstr. 22, ☎ 913894, II

Pz Schichtl, Forggenseestr. 7, ☎ 478, I

Pz Singer, Am Steig 3, ☎ 541, II

Bh Adamerhof, Kenzenweg 1, ☎ 342, II

Rieden am Forggensee
Vorwahl: 0172

ℹ️ Touristinformation, Lindenweg 4, ☎ 08362/37025

H Schwarzenbachs´s Landhotel, Dietringen 1, ☎ 08362/343, III

Gh Rössle, Lindenweg 2, ☎ 08362/9395395, III

P Janda, August-Geier-Str. 5, ☎ 08362/5598

P Klöckner, Faulenseestr. 1, ☎ 08362/39151, I

P Maria, Forggenseestr. 18, ☎ 08362/37000, II

P Pankraz Senn, Lindenweg 3, ☎ 08362/1600, I

P Streif, Dietringer Str. 28-30, ☎ 08362/3327

Pz Haus Alpenblick, Bachtalstr. 4, ☎ 08362/819227, I

Pz Haus Bergland, Faulenseestr. 9, ☎ 08362/1822, I

Pz Schwaiger, Säulingstr. 4, ☎ 08362/921451, I-II

Ho Dreimäderlhaus, Osterreinerstr. 1, ☎ 0172/8127634, II

Bh Baur, Almstr. 2 1/2, ☎ 08367/389

Bh Landhaus Geier, August-Geier-Str. 15, ☎ 08362/37319, II-III

🏕️ Camping Seewang, Tiefental 1, ☎ 08362/406

Osterreinen (Rieden am Forggensee)
Vorwahl: 08362

Fw Ferienhof Haug, Bachtalstr. 12, ☎ 1810, II-III 📶

🏕️ Haus Sonnenlage & Camping Magdalena, Bachtalstr. 10, ☎ 4931

Schwangau
Vorwahl: 08362

ℹ️ Tourist-Information, Münchener Str. 2, ☎ 81980

H Das Schwanstein, Kröb 2, ☎ 98390, IV

H Helmer, Mitteldorf 10, ☎ 9800, III

H Helmerhof, Frauenbergstr. 9, ☎ 98350, III-IV

H König Ludwig, Kreuzweg 15, ☎ 8890, V

H Neuschwanstein, Geblerweg 2, ☎ 8209, I-II

H Schwangauer Hof, Füssener Str. 113, ☎ 8400, III

H Waldmann, Parkstr. 5, ☎ 8426, III-IV 📶

H Weinbauer, Füssener Str. 3, ☎ 9860, III

Gh Hanselewirt, Mitteldorf 13, ☎ 8237, IV-V

Gh Zur Post, Münchener Str. 5, ☎ 98210, III

P Charlotte, Füssener Str. 70, ☎ 8231, II

P Haus Fussenegger, Hiltepoltweg 7, ☎ 8376, 0151/55224699, II

P Haus Guggemos-Velle, Mitteldorf 16, ☎ 986508, I

P Haus Martina, Am Jürgenfeld 16, ☎ 8506, II

P Haus Moni, Schlossstr. 8, ☎ 8080, II

P Haus Tegelberg, Hiltepoltweg 2, ☎ 8374, I-II

P Landhaus Sonneck, Am Jürgenfeld 20, ☎ 8407, II-III

Pz Beim Bäremang, Mitteldorf 21, ☎ 8022, II

Pz Haus Letsch, Bartensteinweg 14, ☎ 8578, I-II

Pz Haus Weiss, Mitteldorf 6, ☎ 8042, I-II

Pz Landhaus Heel, Am Berg 2, ☎ 8060, I

Pz Landhaus Keck, Ahornweg 6, ☎ 8555, I-II

Pz Uhl, An der Dornzeile 35, ☎ 8916, II-III

Bh Augustinerhof, Füssener Str. 49, ☎ 8954, I-II

Bh Beim Schlux, Frauenbergstr. 38, ☎ 8921, II-I

Bh Höß, Münchener Str. 4, ☎ 81364, I

🏕️ Bannwaldsee, Münchener Str. 151, ☎ 93000

🏕️ Brunnen, Seestr. 81, ☎ 8273

Waltenhofen (Schwangau)
Vorwahl: 08362

H Maximilian, Marienstr. 16, ☎ 9880, III-V

Gh Am See, Forggenseestr. 81, ☎ 93030, II-III

P Gerlinde, Forggenseestr. 85, ☎ 8233, II-III

P Haus Kristall, Kreuzweg 24, ☎ 8594, II

P Haus Köpf, Moarweg 3, ☎ 8791, I-II

Pz Moarhof, Moarweg 24, ☎ 8244, II

Bh Landhaus Ziller, Forggenseestr. 57, ☎ 8698, I

Brunnen (Schwangau)
Vorwahl: 08362

H Huberhof, Seestr. 67, ☎ 81362, III-V

Gh Seeklause, Seestr. 75, ☎ 81091, III

P Gästehaus Stefanie, Seestr. 65, ☎ 8257, III

Pz Haus Mielich, Forggenseestr. 121, ☎ 8900, I-II

Pz Lutz, Seestr. 47, ☎ 8935, II

Bh Haus Helmer, Seestr. 59, ☎ 8255, I-II

Bh Kotz, Seestr. 74, ☎ 8581, I

Bh Ponyhof Fischer, Seestr. 37, ☎ 8281, I-II

Hohenschwangau (Schwangau)
Vorwahl: 08362

H Alpenhotel Allgäu, Schwangauer Str. 37, ☎ 81152, III-V

H Alpenstuben, Alpseestr. 8, ☎ 98240, III-IV

H Müller, Alpseestr. 16, ☎ 81990, IV-V

H Schlosshotel Lisl, Neuschwansteinstr. 1-3, ☎ 8870, IV

Hg Schlossblick, Schwangauer Str. 7, ☎ 81649, II-III

P Albrecht, Pfleger-Rothut-Weg 2, ☎ 81102, I-II

P Weiher, Hofwiesenweg 11, ☎ 81161, II

Alterschrofen (Schwangau)
Vorwahl: 08362

H Wildparkhotel, Bullachbergweg 1, ☎ 8425, II 📶

Pz Pilgerschrofen, Rohachweg 14, ☎ 8549, II

Horn (Schwangau)

Vorwahl: 08362

H Guglhupf, Füssener Str. 107, ✆ 939650, III
H Kleiner König, Kienbergweg 12, ✆ 8010, IV
H Rübezahl, Am Ehberg 31, ✆ 8888, V
H Steiger, Frauenbergstr. 52b, ✆ 81067, III
Gh Weirich, Füssener Str. 108, ✆ 8412, II-III
Pz Ambos, Frauenbergstr. 36, ✆ 8302, I
Pz Haus Hipp, Am Winkelacker 13, ✆ 8372, I
Pz Haus beim Lenzer, Forchenweg 7, ✆ 8988, II
B Jägerhof & Jägerstadel, Frauenbergstr. 26, ✆ 88227, II-III 🌐
Bh Beim Landhannes, Am Lechrain 22, ✆ 8349, II

Mühlberg (Schwangau)

Vorwahl: 08362

Pz "Beim Joaser", Achweg 9, ✆ 98380, II

Füssen

Vorwahl: 08362

🛈 Tourist-Information, Kaiser-Maximilian-Pl. 1, ✆ 93850
🛈 Tourist-Information Weissensee, Seeweg 4, ✆ 6500
H Alpenblick, Uferstr. 10, ✆ 50570, II-IV
H Christine, Weidachstr. 31, ✆ 7229, III-IV
H Das Hotel Sommer, Weidachstr. 74, ✆ 91470, IV-V 🌐
H Filser Urlaubs- und Kurhotel, Säulingstr. 3, ✆ 91250, III-IV 🌐
H Hirsch, Kaiser-Maximilian-Pl. 7, ✆ 93980, IV-V
H Luitpoldpark-Hotel, Bahnhofstr. 1-3, ✆ 9040, IV-V 🌐
H Schlosskrone, Prinzregentenpl. 4, ✆ 930180, III-V 🌐
H Sonne, Prinzregentenpl. 1, ✆ 9080, IV-V 🌐

H Zum Hechten, Ritterstr. 6, ✆ 91600, III-IV 🌐
Hg Am Forggensee, Weidachstr. 69, ✆ 3636, II-III
Hg Fürstenhof, Kemptener Str. 23, ✆ 914080, III
Hg Kapuziner, Schwangauer Str. 20, ✆ 7745, I-II
Hg Schanzenstüberl Bail u. Mayer, Kemptener Str. 109, ✆ 0171/8082094, II
Gh Bräustüberl, Rupprechtstr. 5, ✆ 7843, III
Gh Schöberl, Luitpoldstr. 14-16, ✆ 922411, III-IV
P Gabriel, Bahnhofstr. 8, ✆ 300136, III
P Gästehaus Kieser, Ziegelwiesstr. 15, ✆ 1690, III 🌐
P Haus Lutz, Frauensteinweg 54, ✆ 6419, II
P Haus See-Alm, Eschacher Weg, ✆ 7133, I-II
P Kössler, Zalingerstr. 1, ✆ 7304, III
P Landhaus & Pension Christian, Welfenstr. 35, ✆ 38660, II-III 🌐
P Landhaus Enzensberg, Höhenstr. 53, ✆ 08341/17917, 0170 9066180, IV
Pz Fischer, Dierlingstr. 14, ✆ 1544, I
Pz Haus Lerch, Frauensteinweg 48 / Kienbergweg 3, ✆ 1653, I
Pz Haus Rösel, Kreuzkopfstr. 4, ✆ 6653, II
Pz Heidi's Ferienhof, An den Filzteilen 1, ✆ 940491, II
Pz House L. A., Welfenstr. 39, ✆ 607366, 0170/6248610, I-II
Pz Höbel, Frauensteinweg 42c, ✆ 2950, I
Pz Marli Wagner, Von-Freybergstr. 67, ✆ 2115, II
Pz Zenta Samlaska, Dreherg. 32, ✆ 2775, I-II
🏠 Jugendherberge Füssen, Mariahilfer Str. 5, ✆ 7754, II 🌐

Bad Faulenbach (Füssen)

Vorwahl: 08362

H Aktiv Hotel Schweiger, Ländeweg 2, ✆ 91400, V 🌐
H Euro Park Hotel International, Am Kapellenberg 2, ✆ 5080, IV
H Ferienhotel Berger, Alatseestr. 26, ✆ 91330, III-IV
H Frühlingsgarten, Alatseestr. 8, ✆ 91730, III-IV
H Kur- und Vitalhotel Wiedemann, Am Anger 3, ✆ 91300, IV-V 🌐
H Parkhotel Bad Faulenbach, Am Fischhausweg 5, ✆ 91980, III-IV
H Ruchti, Alatseestr. 38, ✆ 91010, III-IV
Hg Jakob, Schwärzerweg 6, ✆ 91320, III-IV 🌐
Gh Gästehaus St. Ulrich, Alatseestr. 1, ✆ 9000, III-IV
P Cafe-Pension Zanghellini, Fischhausweg 1, ✆ 6380, I-II
P Elise, Alatseestr. 30, ✆ 9308844, II
Pz Bagci, Am Kapellenberg 1, ✆ 941761, II
Pz Haus Söhner, Alatseestr. 22, ✆ 7350, II

Weissensee (Füssen)

Vorwahl: 08362

H Appartementhotel Seespitz, Pfrontener Str. 45, ✆ 38899, III-IV 🌐
H Bergruh, Alte Steige 16, ✆ 9020, V
Hg Steigmühle, Alte Steige 3, ✆ 91760, III-IV 🌐
Gh Weisser Hirsch, Wiedmar 10, ✆ 438, II-III
P Dreimäderlhaus, Pfrontener Str. 43, ✆ 91900, III-IV
P Landhaus-Pension Seehof, Gschrifterstr. 9, ✆ 6822, 940161, III-IV
Pz Branderhof, Brand 1, ✆ 5577, II
Bh Birkenhof, Ahornstr. 6, ✆ 7426, II

Ortsindex

Die Seitenzahlen ab S. 107 beziehen sich aufs Übernachtungsverzeichnis.

Danke

Dank an alle, die uns bei der Erstellung dieses Buches tatkräftig unterstützt haben. Besonderen Dank für die Informationen an: D. Schöngart, Gerbrunn; I. u. H. Scheich, Eiterfeld/Arzell; F. Loos, Garbsen; H. Baur-Weber, Rafz; A. u. J. Manderscheid, Rottenburg; D. Hecker, Schauenburg; P. Klein, Bodenheim; M. u. P. Berth, Leichlingen; H. Aschka, München; M. Gorius, Kleinblittersdorf; G. Kreutzfeldt, Bad Schwartau; W. Wittmann, Erlangen; Dr. W. Weber, Bremen; G. u. M. Schmidt-Gröttrup, Bremen; E. Salami, C. Kaletsch, München; I. Dolzer, G. Hösl u. S. Weiten, Nürnberg; D. u. K. Schmid, Regenstauf; M. Michelsen, Kitzingen; C. Gerngroß, Nürnberg; S. Bittner, B. Schulz, Hamburg; P. Widner, Montabaur; H. Ortland, Oldenburg; C. Echtler, Rottenbuch; J. Meusel, Dresden; I. und P. Steinmann; P. Willwacher; R. und L. Neumann, Brigachtal; E. Fuchs, Schweinfurt; T. Unser, Eppelheim; H. Loser, Jona; F.-J. Storksberger, Nordwalde; K. Struve; W. Schmitt, Ludwigshafen; B. Kloep, Erftstadt; M. Kustos, Germering; G. Schill, Frankfurt am Main; S. Knoll, Münsingen; R. Joachimi, Kiel; M. Heyer, Erlangen; K. Lausten; M. Haas, Leinburg; T. Alblas; E. Rüger, Rieneck; E. Unzeitig, Nürtingen; K. Kibowski, Dortmund; U. Homfeld; T. Moser; W. Steinmeier; W. Köller, Leverkusen; I. Kaiser, Bad Tölz; Fam. Wagner; B. Scherb, Illerrieden; U. u. R. Goegelein, Ludwigshafen; J. Gödde, Dortmund; G. König; R. Rebmann; T. Karg, Neustadt/Waldnaab;